新型农民职业技能培训系列丛书

餐厅服务员

梁 雯 主编

中国农业科学技术出版社

图书在版编目（CIP）数据

餐厅服务员／梁雯主编．—北京：中国农业科学技术出版社，2011.8

ISBN 978－7－5116－0560－3

Ⅰ.①餐…　Ⅱ.①梁…　Ⅲ.①饮食业－商业服务　Ⅳ.①F719.3

中国版本图书馆 CIP 数据核字（2011）第 131484 号

责任编辑　朱　绯
责任校对　贾晓红

出 版 者　中国农业科学技术出版社
北京市中关村南大街 12 号　邮编：100081
电　　话　(010)82106638(编辑室)　(010)82109700(发行部)
(010)82109703(读者服务部)
传　　真　(010)82106624
网　　址　http://www.castp.cn
经 销 者　各地新华书店
印 刷 者　中煤涿州制图印刷厂
开　　本　850mm×1 168mm　1/32
印　　张　4.125
字　　数　107 千字
版　　次　2011 年 8 月第 1 版　2011 年 9 月第 2 次印刷
定　　价　12.00 元

《餐厅服务员》

编委会

主　编　梁　雯

编　者　肖茂峰　杨章亭　严伟伟　韩　栗

周军平　马伶俐

序　言

农村劳动力转移，是我国从城乡二元经济结构向现代社会经济结构转变过程中的一个重大战略问题。解决好这个问题，不仅直接关系到从根本上解决农业、农村、民生问题，而且关系到工业化、城镇化乃至整个现代化的健康发展。十七届三中全会《决定》中继续强调“引导农民有序外出就业”的同时，特别提出“鼓励农民就近转移就业，扶持农民工返乡创业”。因此，顺应农民对小康生活的美好期待，抓住时机，进一步加大对农村劳动力转移培训力度，大力发展劳务经济，对稳定和提高农民收入，开创社会主义新农村建设的新局面，具有十分重要的现实意义。

为便于实施劳动力转移技能培训，配合国家有关政策的落实，特别是针对开展以提高农村进城务工人员、就业与再就业人员就业能力和就业率为目标的职业技能培训，我们依据相应职业、工种的国家职业标准和岗位要求，组织有关专家、技术人员和职业培训教学人员编写了这套“易看懂、易学会、用得上、买得起”的全国农民工职业技能短期培训教材，以满足广大劳动者职业技能培训的迫切需要。

这套教材涉及了第二产业和第三产业的多个职业、工程，针对性很强。适用于各级各类教育培训机构、职业学校等短期职业技能培训使用，特别是针对农村进城务工人员培训、就业与再就业培训、企业培训和劳动预备制培训等，同时也是“农家书屋”的首选图书；在此，也欢迎职业学校、培训机构和读者对教材中的不足之处提出宝贵意见和建议。

编　者

2011 年 5 月

目　录

第一章　餐厅服务员的职业要求、礼仪规范和服务要求 …（1）
第一节　餐厅服务员的职业要求 ……………………（1）
第二节　餐厅服务员的礼仪规范 ……………………（8）
第三节　服务中的基本要求 …………………………（16）

第二章　餐厅服务的基本程序 ……………………（22）
第一节　中餐零点服务的基本程序 …………………（22）
第二节　西餐零点服务的基本程序 …………………（29）

第三章　端托服务 ………………………………（35）
第一节　托盘的使用知识 …………………………（35）
第二节　轻托 ………………………………………（37）
第三节　重托 ………………………………………（39）
第四节　端托服务中应注意的问题 …………………（40）

第四章　餐巾折花 ………………………………（43）
第一节　餐巾的作用与种类 …………………………（43）
第二节　餐巾折花的基本技法 ………………………（45）
第三节　餐巾折花花型的选择与摆放 ………………（60）

第五章　摆台 ……………………………………（63）
第一节　中餐摆台 …………………………………（63）
第二节　西餐摆台 …………………………………（68）

第六章　酒水服务 ………………………………（76）
第一节　酒类的基本知识 …………………………（76）

第二节　非酒精饮料的特点与种类 …………………………（88）
第三节　酒水服务 …………………………………………（91）
第四节　斟酒服务 …………………………………………（95）
第七章　上菜与分菜 ……………………………………（99）
第一节　中餐上菜与分菜 …………………………………（99）
第二节　西餐上菜与分菜 ………………………………（105）
第八章　撤换餐用具 …………………………………（109）
第一节　中餐撤换餐用具 ………………………………（109）
第二节　西餐撤换餐用具 ………………………………（112）
第九章　餐饮卫生与安全工作 ………………………（115）
第一节　餐饮卫生知识 …………………………………（115）
第二节　餐饮的安全工作 ………………………………（119）
参考文献 ………………………………………………（122）

第一章　餐厅服务员的职业要求、礼仪规范和服务要求

餐饮是人类生存与发展的基础，是人类生活中最基本的活动。随着社会的发展和人们价值观的改变，人们对餐饮服务的职业要求和礼仪规范的要求越来越高。

第一节　餐厅服务员的职业要求

餐饮服务业一直被定义为“以宾客为导向的行业，是由餐饮部的服务人员提供给宾客的，是使对方得到以享受为实质内容的特殊服务”。其范围很广，大到宾馆、饭店、机关与学校食堂，小到茶馆、酒吧、饮食摊点、大排档等。涉及的职业包括餐厅经理、厨师、服务员、食品售货员、送餐员、原料采购员、洗碗工等。这里只介绍其中的主体之一餐馆服务员。一般把从事饮食服务性工作的人员都称为餐馆服务员，分工有领台、值台、收银、传菜、衣帽服务等，每一项工作都有特定的要求和程序。

一、餐厅服务员的职业道德

一名员工的成长，主要依靠于职业生涯的实践和锻炼。职业道德是员工职业生活的指南，它指导员工在具体的工作岗位上确立具体的生活目标，选择具体的人生道路，形成具体的人生观和职业理想。一个员工能否成长，通常不在于他（她）是否具有优越的客观条件，而在于他（她）是否真正具备了高尚的道德品质。

餐厅服务员的职业道德就是指餐厅服务员在职业活动的整个过程中，必须遵守的行为规范和准则，归纳起来主要有以下几个方面的内容：

（一）真诚公道，信誉第一

“真诚公道，信誉第一”是正确处理餐厅和顾客之间利益关系的一项行为准则。其具体要求是：广告宣传，恰如其分；信守合同，履行承诺；按质论价，合理收费；诚实可靠，拾金不昧；实事求是，知错就改。餐厅服务员只有坚持讲信誉、重质量，以提高服务质量为基础开展经营活动，才能得到顾客的认可和赞许，为企业创造良好的社会效益和经济效益。

（二）热情服务，宾客至上

从某个角度讲，顾客就是所有员工的衣食父母，关心和爱护每一位顾客，最大限度地满足顾客的一切合理要求，不断改善服务态度，提高服务效率，为顾客提供优质服务，是餐厅服务员应尽的职责和义务。每一位餐厅服务员都应该牢固地树立自觉为顾客服务的观念和意识，做到对顾客笑脸相迎，全心全意地为顾客提供主动、热情、耐心、周到的服务，想顾客之所想，急顾客之所急，使顾客有“宾至如归”的感觉。

1. 热情服务

热情服务就是指餐厅服务员要细心体察顾客的需要，自然微笑，真诚待客，使顾客感到温暖。热情服务要做到“三个一样”，即生人熟人一样热情；本地人外地人一样热情；内宾外宾一样热情。

2. 主动服务

通俗地说就是服务在顾客开口之前。主动服务体现了餐厅的管理水平与服务质量，意味着服务员要有更多的情感投入。每天到餐厅用餐的顾客来自四面八方，顾客用餐的口味、标准、档次不同，用餐的需求也不同，因此餐厅服务员要学会研究顾客的心理，揣摩顾客的用餐需求，主动为顾客服务，把自己的情感投入到一招一式的服务中，才能使顾客倍感亲切，从中体会到餐厅的服务水准。

3. 周到服务

周到服务就是指餐厅服务员在语言表达、服务态度、用餐照顾等全过程服务中，想得细致入微，处处为顾客提供方便，为顾客排忧解难。周到服务常体现在不仅要做到共性规范服务，还要做好个性服务。顾客在餐厅用餐，其要求往往是偶然的、个别的和间接的，这就要求餐厅服务员要根据具体情况，提供更灵活、更具体、更细致的服务，使顾客得到超值的服务享受。

4. 耐心服务

耐心服务就是指餐厅服务员以高尚的道德修养，对服务过程中出现的各种情况和问题要不急躁、不厌烦，做到恰当、理智地处理，善始善终地为顾客提供优良的服务。其具体表现为：解答问题要耐心；化解矛盾要耐心；对待客人要耐心。

（三）文明礼貌，不卑不亢

餐厅服务员在接待服务工作中，经常接待不同层次、不同类型、不同国家和地区的顾客，怎样恰当处理主客之间的关系，是一个重要的问题。文明礼貌、不卑不亢是正确处理这一关系的道德规范和行为准则。在接待顾客的过程中，既要做到讲礼貌、热情友好、落落大方，又要做到不卑不亢、自尊自爱、端庄稳重。

那么，如何培养良好的礼貌修养呢？这是一个自我认识、自我养成、自我提高的过程。餐厅服务员应在日常的工作和生活中，自觉接受礼貌教育，使自已产生强烈地提高自我修养的愿望；自觉学习礼节、礼仪方面的知识，使自已博闻强识；在社会实践中自觉养成文明礼貌的习惯。

（四）遵纪守法，廉洁奉公

“遵纪守法，廉洁奉公”是餐厅服务员正确处理个人与集体、个人与国家关系的行为准则，既是行政和法律的要求，又是道德规范的要求。每个餐厅服务员都应具有遵纪守法、廉洁奉公的良好职业品质，要尽忠职守、克己自律，对国家负责，对企业负责，不追求除应得劳动报酬以外的个人特权和私利，当个人利益和国家、企业利益发生冲突时，应不惜牺牲个人利益来维护国家和企业利益。

（五）团结协作，顾全大局

“团结协作，顾全大局”是餐厅内部处理同事之间、岗位之间、部门之间以及局部利益与整体利益、眼前利益与长远利益等相互关系的行为准则，它是一种团队精神，是集体主义观念的具体体现。餐厅服务员应做到：团结友爱，互相尊重；密切配合，互相支持；学习先进，互相帮助；发扬风格，互相关心。

（六）钻研业务，提高技能

钻研业务、提高技能是餐厅服务员职业道德不可缺少的基本规范之一，是餐厅服务员做好本职工作的关键。其具体表现为：餐厅服务员要有强烈的职业责任感；要有崇高的职业理想和坚强的意志；要努力刻苦提高专业技能和业务水平。

以上各个因素之间，是相互联系、相互作用、相互促进的，只有发挥所有职业因素的作用，才能达到具有高尚的职业道德的目的。

二、餐厅迎宾员的岗位职责

1. 接听电话，做好餐厅的预订记录、跟踪服务工作。

2. 负责保管、检查、更新和派送菜单、酒水单、报刊信函。

3. 服装整洁，精神饱满，举止端庄，面带微笑，热情迎送宾客，使用文明用语。

4. 引领宾客，有序安排，办好登记手续，宾客离店时礼貌道别。

5. 保持指定区域的卫生清洁、环境舒适。

6. 记住常客的姓名和用餐习惯，提供个性化服务。

7. 掌握餐厅客流量及分布区域，解答宾客询问，合理安排宾客。

8. 帮助宾客存放衣帽、雨具等物品，妥善保管宾客遗留物品。

三、宴会预订员的岗位职责

1. 在宴会预订的办公区域做好各类宴会、团队用餐及大型活动等的预订及安排工作。

2. 礼貌地接待每批预订的顾客，详细填写宴会预订客情表。遇有重要的宴会，应请经理一起参加洽谈。

3. 根据宴会预订的详细记录和要求，编制宴会通知单及客情通知单，分发至有关部门。

4. 抄写或打印当日宴会菜单。

5. 进行市场调配，掌握市场动态，提出销售建议，进行宣传促销，开拓客源市场。

6. 建立菜谱档案和宴会客史档案。餐饮服务人员的岗位职责不是一成不变的，应结合餐饮的经营、规模、人员配备等自身特点而设置，并根据情况的变化而适当调整。

四、餐厅值台员的岗位职责

1. 保证开餐前的作料、餐具、桌椅齐备，对不足的应补足，并且摆设符合规范。

2. 按照规定布置餐厅和开餐前的准备工作，做好餐厅环境、餐酒用具的清洁卫生工作。

3. 餐中巡台，按照服务规格、操作程序，快捷、熟练、准确地为宾客提供高质量、高效率的服务。

4. 做好餐后收尾及翻台工作。

5. 负责接待宾客，熟知餐厅菜单品种的名称、单价、主料、配料、烹调方法、口味特点、地方特色等，熟知餐厅供应的酒水和饮料的品种、价格、口味、饮用方法等。

6. 主动介绍菜品，当好宾客参谋，做好导餐工作，落单及时、准确。接待中使用礼貌用语。

五、餐厅传菜员的岗位职责

1. 备好调料、作料及传菜用具，爱护传菜间物品。

2. 按照规格标准，确保餐厅传菜用的所有餐具、器皿清洁、卫生、明亮、无缺口。

3. 餐后将台面的各式餐具撤至指定洗涤处，分类码放。做好传菜间的卫生清理及传菜用具保养、清洁工作。

4. 在传菜过程中，动作要轻、快、稳，不与宾客争道，礼貌让客。

5. 传菜中检查菜品质量和数量，控制传菜速度，及时传递宾客对菜品的各种要求，保证信息畅通。

6. 及时准确对号上菜，并协助服务员端菜上桌。熟知酒店菜品的特色及制作原理和配料搭配。

六、清洁员的岗位职责

清洁员必须按照卫生标准做指定区域的清洁卫生，其岗位职责如下：

1. 开餐前做好一切清洁准备工作。

2. 负责所属区域的环境卫生，区域内各地段等须符合卫生标准。

3. 定时清洁各处的垃圾筐（筒）卫生。

4. 科学使用清洁剂。

5. 遵守餐厅安全制度，做好本岗所有物品的保养、维修、保管。

6. 完成上级交派的其他工作。

七、酒水员的岗位职责

酒水员是餐厅酒吧服务人员。其岗位职责如下：

1. 酒水进出时负责填写和核实票据，核准数量，保证手续完备，保证账物相符。

2. 负责定期清点盘查储存量，确保数量准确，符合储存要求。

3. 按照酒水工作规程和质量要求，做好酒水的申购、领取、发放及储存等工作。

4. 每日收市后做好清理补充工作，做好销售报表工作，做好空废瓶罐的回收工作，减少浪费。

5. 掌握各种酒品的特性及服务知识，开发新的鸡尾酒，不断提升销售业绩。

6. 保持酒吧周围环境及仓库干净整洁，注意温度和通风。保持酒吧各项用具的清洁。保养吧台内设备，如有损坏应及时报修。

7. 接受酒水订单，为酒吧或餐厅顾客准备鸡尾酒及其他酒水。

8. 与餐厅保持联系，保证为顾客提供良好的酒水服务，妥善保管顾客存放在酒吧的烈性酒。

9. 熟悉酒吧所有用具的使用。熟悉各类酒水的名称、价格、产地、饮用方法等。熟悉酒水保管知识。会调制一般酒水，制作一般果盘。

八、收银员的岗位职责

收银员的岗位职责如下：

1. 熟悉餐牌及酒水的价格。

2. 积极配合财务的工作制度和服务标准，礼貌、迅速、准确地为顾客提供优质服务。

3. 小心操作电脑收银机，并做好设备的保管工作。

4. 加强餐厅的协调，及时处理工作中出现的问题，做到账物相符。

5. 准备收银账单和发票，做到快捷服务。

6. 收市后，必须将当天票款账单做出报表，核对无误后方可下班。

7. 不得向外界泄露有关营业情况和资料。

8. 备用金必须每大核对，不得私自挪用。

9. 负责自己区域的卫生情况。

九、良好职业道德的培养

要培养良好的职业道德，需要从职业认识、职业情感、职业信念、职业行为和职业习惯五个方面着手进行。也就是在不断提高职业认识的基础上，逐步加深职业感情，磨炼职业意志，进而坚定职业信念，养成良好的职业行为和习惯，达到具有高尚职业道德的目的。

提高职业认识，就是按照职业道德的要求，深刻认识自己所从事职业的性质、地位和作用。明确服务对象、操作规程和应达到的目标，认识自己在职业活动中应该承担的责任和义务，以提高热爱本职工作的自觉性。

培养职业感情，就是在热爱本职工作的基础上，从高处着想，在低处着手，一点一滴地培养自己对本职工作的感情，不断加深对自身职业的光荣感和责任感。

磨炼职业意志，就是要求从事职业活动和履行职业职责的服务人员在对客人提供优质服务的过程中，努力锻炼自己，用坚强的意志去克服和解决各种矛盾，处理好内外部的人际关系。

坚定职业信念，就是要求不同岗位上的服务人员要干一行，爱一行，专一行，在工作中出类拔萃，为实现职业的理想而坚持不懈地努力。

职业行为和习惯是在职业认识、情感、意志和信念的支配下所采取的行动。经过反复实践，当良好的职业行为成为自觉的行动而习以为常的时候，就形成了职业习惯。

第二节　餐厅服务员的礼仪规范

一、举止规范

（一）坐姿

餐厅服务员在服务过程中极少有坐着的时候，但坐姿要求也是餐厅服务员的举止规范之一，是体态美的重要内容。良好的坐姿会给人以端庄稳重之感，令人觉得大方、得体、舒适。具体要求是：

1. 入座要轻要稳，不要赶步。落座时，在座位前缓慢转身，右脚向后退半步，轻稳坐下。女士若着裙装，落座时要将裙子后片向前拢一下，然后再坐下。

2. 落座后，上体自然挺直，头正，肩平，双臂自然下垂，双腿自然弯曲，双膝自然并拢，双手放在膝盖上，掌心向下。注意双目平视，面部表情平和自然。

3. 坐好后，不可前倾后仰，或歪歪扭扭，更不要抖动腿脚或跷二郎腿，否则会给人一种粗俗、没教养的印象，令人感到不快。

4. 离座时同样要轻要稳，右脚向后收半步，然后再轻缓起身。

（二）站姿

站立是人们最常见的姿势之一，也是餐厅服务员工作的基本姿势。

站立服务是餐厅服务员的基本功之一。站姿的基本要求是：站正，面部表情自然亲切，给人稳重之感。其具体要求是：上身挺直，头正目平，面带微笑，下颌微收，肩平胸挺，直腰收腹，两臂自然下垂，两腿相靠直立，肌肉略有收缩感。站立时，切忌东倒西歪，耸肩勾背，这不仅给人以缺乏自信的感觉，而且有失仪表的端庄。

女子站立时，双脚呈“V”字形，双膝和脚后跟要靠紧，两脚之间的距离以20厘米为宜。穿礼服或旗袍时，双脚不要并列，要让两脚之间相距5厘米，以把重心落在一只脚上；男子站立时，双脚与肩同宽，上身保持正直，不可把脚叉开很大。

（三）走姿

餐厅服务员在服务过程中常处于行走的状态中，优美的走姿会给人以美的感受。餐厅服务员走起路来要轻而稳，要像风一样轻盈，步态要从容稳健。走姿的基本要求是：挺胸抬头，两眼平视，步度和步位要合乎标准。步幅一般以男服务员40厘米、女服务员30厘米为宜，切忌“里八字”或“外八字”。走路要用腰力，具有韵律感。男服务员行走时，两脚跟交替前进，两脚尖稍外展，步伐要稳健；女服务员行走时两脚要在一条直线上，成“一字步”，要步履轻盈。

行走时要注意：若与客人或上级领导相遇，要点头示意，并主动让路；引导客人入座或与客人同行时，要让客人走在自己的右侧，注意步速要均匀，过快或过慢都会引起客人不适；送用餐完毕的客人离开时，若行至电梯门口，应主动开门，让客人先行，不能自己抢先，否则会给人以缺乏礼貌之感。

二、仪容、仪表规范

仪容、仪表是指人的外表或举动，包括人的容貌、服饰和姿态等。服务人员的仪容、仪表如同餐厅的一面镜子，它不仅体现员工的个人素质，而且直接反映餐厅的精神面貌，体现餐厅的服务水准，是待客服务质量的组成部分之一。提倡餐厅服务员注重个人的仪容、仪表，是礼貌待客的起码要求。

（一）面容

餐厅服务员每天应清洗面部，保持干净、整洁、无油腻。女服务员应淡妆上岗，不得浓妆艳抹，不得佩戴夸张饰物，不要使用气味浓烈的香水；男服务员应注意每天刮胡须，修剪鼻毛，保持面部清洁。

（二）容貌、体态

餐厅服务员应端庄、大方、适度、美观、体态匀称。

（三）头发

餐厅服务员要勤洗头、勤理发，头发不能蓬松披散，要保持干净、无头屑、无异味、发型美观大方。女服务员原则上不得留长发，发前刘海不得阻挡视线。如留长发，当班时要用黑色发夹束起或盘起，不得加其他头饰，不可染流行彩发。男服务员不留鬓角，发长侧不过耳、后不过领。

（四）口腔及手部卫生

当班前不饮酒，不吸烟，不吃生葱、大蒜等有异味的食物。早起要刷牙，饭后要漱口。注意确保手部卫生，经常修剪指甲，不涂有色的指甲油，不宜佩戴饰物。

餐厅服务员应做到在每日上班前检查自己的仪容、仪表。需整理仪表时，要到卫生间或工作间，或者顾客看不到的地方进行整理，不要当着顾客的面或在公共场所整理。

（五）服装、鞋袜

上岗须穿餐厅规定的制服，证章（或工号牌）要端正地佩戴在左胸处。服装要保持干净，平整，无皱褶、掉扣。衬衫样式要普通，以白色为宜。领带或领结要整洁挺括。裤子要有裤线，长度要适中，以到皮鞋表面为宜。男鞋要求为黑色，女鞋可为黑色或白色。皮鞋要经常擦拭，保持清洁光亮。男服务员应着深色中筒袜子，以免露出皮肤和腿毛；女服务员穿裙装时应着肉色长筒丝袜，注意丝袜应不脱丝、不开线、无破损。

三、称呼规范

（一）称呼礼

礼貌礼节是反映一个人文化素养高低的重要标准。对于餐厅服务员来说，讲礼貌、有礼节是体现本餐厅服务水准的重要标志，直接影响着餐厅的服务质量和声誉。因此，餐厅服务员一定要注意自己的礼貌礼节修养。

1. 一般性称呼

一般对男性顾客称“先生”，如果知道客人姓名，可在“先生”前加上其姓名，称“××先生”；对已婚女性称“夫人”或“太太”，对未婚女性统称“小姐”，对不知道其婚姻状况的称“女士”。

2. 按职位称呼

如果知道客人的职位、学位、军衔等，可在称呼前加上其职位、学位或者军衔。如某人是位博士，可称其为“博士先生”，某人是位上校，可称其为“上校先生”。如果是外国客人，并且是有一定职位的官员，可在称呼后面加上“阁下”两字以示敬重，如“部长先生阁下”等。

（二）应答礼

1. 餐厅服务员在解答客人问题时必须起立，站立姿势要端庄，表情要自然亲切，面带微笑，双眼注视客人，集中精神倾听客人的询问，以示对客人的尊重。

2. 回答客人询问时的语气要温和有礼貌，如果没听清客人的问话，可以说：“对不起，请您再说一遍好吗?”也可根据不同的对象加上适当的称呼。

3. 遇到客人赞扬时，要向客人表示感谢并谦虚地说“您过奖了”或“没什么，这是我应该做的”。

4. 有事需打扰客人时应说：“对不起，打扰您了。”若客人一时有事还未作出回应，要在一旁耐心等候，不要急于问话。

5. 如果对客人提出的问题一时无法解答或不清楚，要先向客人致歉，请客人稍等，待查询后或向上级请示后再做解答；如果客人提出的问题超出了自己的权限范围，要及时请示上级主管部门，或用婉转的语言来拒绝回答，一定不要用生硬的语气回答“不知道”“不可以”“没办法解决”等。

（三）问候礼

1. 根据客人来就餐的时间给以相应的问候，如“早上好”“下午好”“晚上好”等，然后再加上“欢迎光临”这一迎候语。

2. 客人在节日里前来就餐时，要向客人表示节日祝贺，如“新年好”“春节快乐”等。

3. 如果客人是在餐厅举行生日宴会或结婚庆典，要向客人表示祝贺，如“祝您生日快乐”“祝你们新婚快乐”等。

4. 用餐完毕的客人离开餐厅时，要和客人道别，可说“再见，您慢走”或“欢迎您再次光临”等。

（四）握手礼

餐厅服务员一般不要主动与客人握手，如果客人伸出手与你握手时，也应按握手礼的要求进行，不要过久地盯住某一个部位打量客人，特别是女客人。握手时，服务员要距客人约一步，两足立正，伸出右手，以手指稍用力握对方手掌，微微抖动二三次，同时双目注视对方，面带微笑，上身稍向前倾，头要微低。握手时切不可东张西望，漫不经心，这是对客人最大的不敬。与男士握手，力度可适当重一些，以示诚意，但不可过重；与女士握手可适当轻些，但又不可太轻。如与多人握手，应按照顺序，一般是年长者、女士先伸手，晚辈、男士迎握。如不便行握手礼，一定要向对方解释，请求谅解。

（五）迎送礼

1. 在客人来到餐厅时，要主动向客人打招呼、问好，态度要热情诚恳，举止要大方得体。如果遇到老人或身体有缺陷的客人，要主动上前搀扶。

2. 迎接客人时要按照先主人后随从、先女士后男士、先长辈后晚辈的顺序将客人引领至座位处，但要注意用同样的热情对待所有客人，不要让客人有厚此薄彼之感。

3. 客人进门后要主动为客人接挂衣帽，并放置在合适的地方；客人就座时要为客人拉椅让座；客人坐好后要主动向客人介绍本餐厅的特色菜肴，并耐心回答客人的问话，同时听取客人的意见和要求，及时向上级主管部门反映。

4. 客人用餐完毕离开餐厅时，要及时为客人取来衣帽，热情相送，提醒客人检查一下是否有东西落下，并欢迎客人再次光临。

（六）鞠躬礼

鞠躬，本来意为不抵抗，相见时把视线移开，郑重地把头低下，告诉对方我对你不怀敌意。现用鞠躬表示敬意。施鞠躬礼时，要身体挺直，五指并拢自然垂下，身体从头顶到脚下是一条线，视线向前，五指并紧从侧面向膝头慢慢滑去，达到手指将要相碰的程度为宜，同时上身伸直，由腰部带动上体前倾。行礼的方式：当与客人交错而过时，应面带笑容，可行 15 度的鞠躬礼，以表示对顾客的礼貌及打招呼；当迎接或相送顾客时，可行 30 度的鞠躬礼；当感谢顾客或初次见到顾客时，可行 45 度的鞠躬礼以表示礼貌。除此之外，还应注意以下几点：

一是行鞠躬礼时应停步，两臂自然下垂，躬身 15 ~ 30 度，头跟随向下，并致问候语。切忌边看着对方边鞠躬，这是十分不雅的；切忌边工作边致礼；切忌一边摇晃着身体一边鞠躬；切忌鞠躬速度太快；切忌上身不动，只膝盖处弯曲，歪歪头，像是丫鬟。这对顾客来说是对他们的不尊重，如果你停下手中的工作，向顾客问候或致礼，顾客会十分满意。

二是记住鞠躬不是单纯的点头，一定要双手自然垂下，上半身向前直弯下去。

三是服务员迎送客人，应主动开门，站在门一侧，内侧手扶门，外侧手以 45 度角收于背后，腿伸直，身微鞠躬，面带微笑恭迎（送）客人。

四是鞠躬一次即可，不可连续、重复地施礼。

四、餐厅服务用语规范

餐厅服务工作在语言的使用上具体可以分为基本服务用语和餐厅服务用语两部分。

（一）基本服务用语

1. “欢迎您”或“您好”等用于顾客来到餐厅时。

2. “谢谢”或“谢谢您”用于顾客为服务人员的工作带来方便时，应本着感激的心情来说。

3. “是”“明白了”或“听清楚了”用于接受顾客吩咐时，应本着认真负责的态度来说。

4. “请您稍候”或“请您等一下”用于不能立刻为顾客服务时，应带着表示歉意的态度来说。

5. “让您久等了”对等候的顾客使用，应热情而又表示歉意。

6. “对不起”或“实在对不起”在打扰顾客或给顾客带来不便时使用，应真诚而有礼貌地说。

7. “再见”或“请再次光临”用于顾客离开餐厅时，应热烈而真诚地说。

(二) 餐厅服务用语

1. 当顾客进入餐厅时

——早上好，先生（小姐），请问一共几位？

——请往这边走。

——请跟我来。

——请坐。

——请稍候，我马上为您安排。

——请等一等，您的餐台马上就准备好。

——请您先看一看菜单。

——先生（小姐），您看坐这里可以吗？

2. 为顾客点菜时

——对不起，先生（小姐），现在可以为您点菜吗？

——您喜欢用什么饮料，我们餐厅有……

——您喜欢用些什么酒？

——您是否喜欢……

——您是否有兴趣品尝今天的特色菜？

——请问，您还需要什么吗？

——如果您不介意的话，我向您推荐……

——真对不起，这个菜需要一定时间，您多等一会好吗？

——您订的菜是……

3. 为顾客上菜时

——现在为您上热菜可以吗？

——对不起，请让一让。

——对不起，让您久等了，这道菜是……

——真抱歉，耽误了您很长时间。

4. 餐间为顾客服务时

——先生（小姐），您的菜上齐了，请慢用。

——您是否还需要些饮料？

——您还要再加点别的吗？

——对不起，我问清楚后马上告诉您。

——我可以帮您分一分菜吗？

——我可以撤掉这个盘子吗？

——我可以为您服务吗？

——我可以清理桌子吗？

——谢谢您的帮助。

——谢谢您的合作。

5. 餐后为顾客结账并送客时

——先生，这是您的账单。

——对不起，请您付现金。

——请付××元，谢谢。

——先生（小姐），这是找给您的钱和收据，谢谢！

——希望您吃得满意。

——望您多提宝贵意见。

——非常感谢您的建议。

——谢谢，欢迎您再来。

——再见，欢迎您再次光临。

第三节　服务中的基本要求

一、语言艺术

餐厅服务员不可避免地要与顾客直接用语言交谈，在各种不同的地点和场合能够运用规范的服务性语言与客人进行礼节性、工作性交谈。因此，掌握好一定的语言艺术和技巧也是十分重要的。

（一）谈话要得体

餐饮服务人员要谈吐文雅、语言轻柔、语调亲切甜润，音量适度，给人以亲切感，让顾客听起来舒适。同时要了解对方的身份，以便使自己谈话得体，有针对性。

（二）口齿要清晰

服务员每天要接待成百上千的顾客，在用语上首先要让顾客能听明白你在说什么，回答客人问题要准确、简明，切勿夸夸其谈目中无人而冷落顾客。

（三）用普通话交谈

对于地区来源不同、文化程度较低的外地人员，他们说话中多少都带有口音，对于餐馆的服务员来说，学说普通话，用普通话与顾客交谈，既能给服务工作带来便利，又会显得更亲切。

（四）保持良好的姿态

服务人员在与宾客交谈时，应时刻注意保持良好的身体姿态（包括站姿、坐姿和走姿等），与宾客保持一步半左右的距离。面部表情要自然大方、态度谦和、精神集中，双目尽量注视对方。同时，应尽量保持轻松愉悦的微笑，以表示对顾客的尊重。谈话中做到不插话、不打断，必要时应用笔记录。

（五）掌握常用的礼貌用语

对于餐厅服务员来说，最常用的礼貌用语有：请、您、您好、欢迎光临、谢谢、对不起、请原谅、没关系、不用客气、再见等。如欢迎用语“欢迎您来本餐厅就餐”“请这边走”，应答用语“不必客气”“感谢您的光临”等，道歉用语“请您原谅”“打扰您了”等，告别用语“请慢走”“下次再会”等。

（六）尽量掌握一些“特种”语言

为了更好地为不同地区远道而来的顾客服务，有条件的还应掌握一两种外语，能与外宾进行对话交流。并能学习一些简单的方言、土语和地方话，起码要能听懂。为了工作的需要，服务员也应掌握一点聋哑人的手语，以便更好地为聋哑人服务。

（七）五要四不要

为客人服务时应做到有“五声”，即宾客来时有迎声；遇到宾客有称呼声；受到帮助有致谢声；工作失误有致歉声；宾客离店有送声。与客人谈话时要杜绝使用“四语”，即蔑视语、烦躁语、否定语和顶撞语。

（八）谈话要注意内容

在谈话内容上，尽量局限在日常工作范围内，也可以谈衣食住行、旅游风光等，但一般不要询问对方的履历，不要打听对方的隐私。

（九）照顾全面

在与两个以上的客人谈话时，不能只与某一个人谈而忽视其他人。

二、微笑

笑有很多种，轻笑、微笑、狂笑、奸笑、羞怯的笑、爽朗的笑、开怀大笑、尴尬的笑、嘲笑、苦笑等，其中微笑是最美的。

微笑是指不露牙齿，嘴角的两端略提起的笑。几乎没有人不会微笑，但有相当多的人不善于利用微笑。微笑是社交场合中最富吸引力、最令人愉悦、也最有价值的面部表情。微笑可以与语言和动作相互配合起互补作用，它不但表现着人际交往中友善、诚信、恭谦、和谐、融洽等最美好的感情因素，而且反映出交往人的自信、涵养与和睦的人际关系及健康的心理；不仅能传递和表达友好、和善，而且还能表达歉意、谅解。因此微笑在社交中、生活中、工作中都有非常深刻的内涵。

微笑是人的宝贵的无形资产，可以说成功是从微笑开始的。一个大公司的人事经理经常说：“一个拥有纯真微笑的小学毕业生，比一个脸孔冷漠的哲学博士更有用。”因为微笑是一个员工的基本素质，也是公司最有效的商标，比任何广告都有利，只有它能深入人心。应该注意的是：微笑一定要发自内心，亲切自然。只有发自内心的微笑才富有魅力，让人愉悦欢欣。不要为了讨好别人故作笑颜、满脸堆笑。微笑表情训练方法：一是放松全身肌肉，姿势端正，左右手手掌朝下；二是双手合拢置于胸口，嘴角先上扬做三分笑容状；三是脸颊肌肉渐渐往上，眼睛线条眯起，胸口前的双手逐渐打开；四是眼睛开始散发自然的光芒，张开双臂予人友善的感觉。

三、恰当的手势

俗话说："心有所思，手有所指。"手势一直被认为是最有表现力的"体态语言"，是人的第二双眼睛。它是餐厅服务员向宾客作介绍、谈话、答疑、指示方向时常用的一种形态语言。具体要求如下：

1. 手势要正规得体、适度、含蓄优雅、彬彬有礼，体现对宾客的热情。

2. 做手势时，要求手臂伸直，手指自然并拢，掌心向上（掌心向上表示尊重，掌心向下表示愤怒），以肘关节为轴指向目标。

3. 在谈话时不能用一个手指比划。手势不宜过多，动作不宜过大。

4. 使用手势时，要注意尊重各地区、各国、各民族的习惯。例如，用拇指和食指构成一个圆圈，美国人或一些欧洲人表示OK（赞扬允诺）的意思，但在法国、希腊则表示劣等品之意，在马耳他表示恶毒骂人之意。

四、优美的体态语

微笑、点头、眼神、姿态等身体语言都有助于增强服务人员的表述能力，使对方感到舒服、自然、优雅和有诚意。餐厅服务员如果将文明敬语与优美的体态语成功地结合在一起，则能创造一种最佳的表达效果。优美的体态语言包括表情语言、手势语言、体姿语言。

（一）丰富的表情语言

通过眉毛、眼神、嘴唇、脸色变化构成丰富的面部表情语言。餐厅服务员的喜眉、扬眉、展眉能给客人以欢快和欣慰。注视对方时，目光要自然、柔和、亲切、真诚。同时保持微笑能给客人以舒服安定的感觉，俗话说："面带三分笑，礼数已先到。"

（二）适度的手势语言

手势语言是通过手和手指的动作来传情达意的体态语言。手势语言使用便捷，自由灵活，所以手势动作的准确与否、幅度大小、力度强弱、速度快慢、时间长短都要使用适当。如翘起拇指表示赞扬，握手表示致谢或告辞，鼓掌表示赞扬或欢迎等。

（三）优美的体姿语言

优美的体姿语言是通过身体姿势表达情意的。体姿语言包括站姿、坐姿、步姿、蹲姿等。其中最主要的是站姿、坐姿和步姿。体姿语言是对有声语言的强化和补充，直接反映内心情感的变化。站姿要庄重平稳，坐姿要端庄平直，步姿要轻盈适速，从各方面给宾客留下举止文明高雅的美好印象。

五、稳定的心理素质

餐厅服务员应具备的心理素质包括以下几点：

（一）礼貌热情

礼貌热情的服务更容易获得顾客的好感。因此，对餐厅服务员来说，礼貌和热情是成功的"秘籍"。

（二）豁达、宽容和谦恭

在服务业，"顾客总是对的"，但生活本身总是充满矛盾的。作为餐厅服务员，必须要有宽阔的胸怀、豁达的处世态度、宽容待人的态度和谦恭的美德，才能更好地做好服务。

（三）自信和自律

一个优秀的餐厅服务员要乐观自信，乐观的人不怕挑战，勇于面对各种挫折，这是做好服务工作的保证。另外，要具备足够的自控力，学习能够在不同情况下控制自己情绪的方法和技巧。

（四）团队精神

团队精神，简单来说就是大局意识、协作精神和服务精神的集中体现，其基础是尊重个人的兴趣和成就，团队精神是组织文化的一部分。餐厅服务员要具有团队合作意识，在工作中与其他人相互配合、彼此照应，为共同的目标而努力。

（五）真诚的态度和足够的耐心

为顾客提供真诚友善的服务，对顾客以诚相待，表里如一，一视同仁，就会赢得顾客的信任，并很快被顾客所接纳。服务中也要具有足够的耐心倾听顾客的想法，细心留意顾客的一举一动，主动提供周到的服务。

（六）尊重顾客

要发自内心地尊重顾客，尊重顾客等于尊重自己，“顾客是上帝”，所以对社会地位、穿着打扮、言谈举止等不同的顾客，要提供一视同仁的服务，使顾客产生“上帝”的尊贵感。

第二章　餐厅服务的基本程序

餐厅接待服务是一项具体而且较为繁琐的工作，由于顾客用餐的方式、标准、规范等不同，服务员为顾客提供的服务形式和方法也应有所区别。餐饮服务员必须严格执行各种服务程序，做到布置规范化、操作程序化、服务标准化，以礼貌、热情、主动、周到的优质服务给客人舒适和便利。本章将分别介绍几种不同形式的餐厅接待服务方式。

第一节　中餐零点服务的基本程序

一、零点餐厅服务

零点餐厅是指随到随吃、自行付款的餐厅，通常设置有大小不同的饭桌，以适应不同人数客人的需要，既可以随到随吃，也可以预约订餐。经营方式是提供餐单，接受客人点菜，食品饮料服务到桌，最后凭点菜单结账。

零点餐厅的主要任务是接待零星客人就餐。其特点是客人多而杂，人数不固定，口味需求不一，用餐时间交错，致使餐厅接待量不均衡，服务工作量较大，营业时间较长。所以，在服务上特别要求热情、周到、细致、体贴。服务员要有较全面的服务知识和较熟练的服务技能，以适应和满足各种消费层次客人的需要。

二、中餐零点服务程序

（一）餐前准备

1. 清洁餐厅

服务员在顾客到来之前要做好餐厅的清洁工作，为顾客提供一个良好的就餐环境。

2. 准备好餐具、用具

把餐用具按固定位置放好，以方便取用。餐具包括碟、碗、勺、筷、水杯、酒杯等；用具包括烟灰缸、牙签、调味品等。要确保这些物品无油渍、无破损、无指纹，并且是已消毒的。另外，服务员还要准备好菜单、酒水单、点菜单、笔、开瓶器、托盘，还可准备一些开胃的小食品等，并将以上物品放在规定位置。

3. 铺设餐台

服务员要选择合适的台布，按规定的要求铺设好餐台，总的要求是：统一、规范、整齐、美观。

4. 了解情况

服务员要了解当天的菜肴和酒水供应情况，如数量、品种、价格、风味特点等，尤其是当天不能供应的品种，并对当天的工作量进行估计，以便做好接待工作。

5. 餐前检查

在准备工作完成后，领班或管理员要对服务员的准备工作进行全面检查。检查内容包括：餐厅卫生、餐具及用具的摆放、服务员的仪容仪表及精神状态等。确保一切准备就绪，迎接客人的到来。

（二）开餐服务

开餐服务是餐厅为顾客提供产品和服务的开始，也是餐厅服务工作的重要环节，它包括热情迎宾、引客入座、斟茶递巾、呈递菜单、接受点菜、询问酒水、开单与送单等工作。

1. 热情迎宾

餐厅服务员见顾客到来时，要面带笑容，为顾客拉门，并致问候。问清人数后，迎宾员将顾客带到合适的餐台安排就座。迎宾员要对客人面带笑容，真诚热情，目光正视。

2. 引客入座

餐厅服务员在带领顾客入座时，要注意走在顾客左前方或右前方1米左右，并随时回头招呼顾客，遇到拐弯处要打手势向顾客示意，若进包房，打开门后应请顾客先进，并注意语言与动作相协调。

引客入座的原则是“先里后外、尊重选择、合理安排”。应将先到餐厅的顾客引领到里边入座，使门口不过于拥挤，以免影响后到的顾客入内用餐。对于要选择座位的顾客，应尽量提供方便，满足顾客的要求。用餐人数较多需调整座位时，应先征得顾客同意，协助顾客将餐具、用具移到调整后的座位，并对顾客表示歉意和感谢。

引客入座时，还应注意以下几点：

（1）尽量不搭台，即一张餐台最好安排同一批就餐的顾客。

（2）根据顾客人数的多少，将其安排到大小合适的餐台入座。

（3）对年老体弱的顾客，服务员可搀扶并将其安排到距餐厅门口较近的位置就座。

（4）若有儿童就餐，应及时送上儿童椅，并换上不易碎的餐具。

（5）对有残疾的顾客，应安排其在尽可能隐蔽残疾部位且方便顾客就餐的位置。

（6）对情侣及商务型顾客，应尽量安排在安静靠边的位置，以避免其受其他顾客的干扰。

（7）引领顾客到餐桌旁后要主动为顾客拉开椅子，让其入座。拉椅时，要用双手将餐椅抬起拿出，推进时可借助膝盖，将餐椅轻轻送到顾客的后脚，并示意顾客入座。

3. 斟茶递巾

顾客入座后，餐厅服务员应根据季节变化主动从顾客右侧递送热（冷）毛巾。接下来应介绍茶的品种，按顾客点的品种沏好茶，并为在座的每一位顾客斟茶。斟茶先从主宾开始，有老人的情况下，先由长辈开始。斟茶不要太满，八成满为宜。

4. 呈递菜单

餐厅服务员在顾客饮茶过程中应主动递上菜单，以先递给年长者或女士为宜。递送时应打开菜单的第一页，站在顾客的右侧，用双手呈递，切不可随意把菜单往顾客手中一塞或扔在餐台上一走了之。递送菜单后，留给顾客 5 ~ 10 分钟选择菜肴的时间。

5. 接受点菜

待顾客看过菜单后，应征询顾客是否可以点菜。顾客点菜时，服务员要自然站立在顾客身后右侧约一步的位置，手拿点菜单和笔，顾客每点一道菜肴，服务员要复述一遍并把它记入点菜单内相应的类别处。为避免发生差错，在顾客点完全部菜品后，服务员要向顾客复述一遍所点菜品名称及要求，以便得到顾客的确认。

服务员在接受点菜的过程中，要从心理学的角度观察顾客的举动，提供适合顾客心理的点菜服务。例如，对于头脑冷静的理智型顾客，服务员应采取静候的方法，在递上菜单后，给予顾客较多的考虑时间，让其自己选择。因为此类顾客自信心强，有主见，喜欢认真地思考后点自己喜欢的菜肴，而不愿意受到别人的干扰，也不喜欢服务员做过多的介绍或推荐。对于外向型或冲动型顾客，服务员要顺应其爱表现和爱对菜肴进行评价的心理，礼貌地对其评价给予不同程度的肯定，同时酌情推荐一些适合顾客口味的特色菜或时令菜。对于犹豫不决的顾客，服务员要主动详细地介绍本餐厅的供应风格，推荐特色菜，必要时对菜的做法、口味、营养价值及适合人群等一并做介绍，以供顾客选择。

餐厅服务员接受点菜时应注意以下几点：

（1）介绍菜肴要实事求是，不能弄虚作假、欺骗顾客。

（2）介绍菜肴时应用语礼貌，语速适中，身体不能紧靠餐桌，手不能扶在椅背或按在餐桌上。

(3) 点菜时服务员应跟着菜单走，站在每一位点菜顾客的左后侧，不应站着不动。

(4) 服务员要察言观色，不要勉强或硬性推荐高档菜，当好顾客的参谋，但不能代客做主。

(5) 若顾客点的菜肴已无货供应，要礼貌致歉，并推荐相近菜肴。

6. 询问酒水

在顾客点完菜后，服务员要主动递上酒单，询问顾客需要什么酒水，同时介绍本餐厅供应的酒水品种、特点、瓶装容量及价格等，以供顾客选择，或者根据菜肴与酒水的搭配原则，向顾客推荐一些合适的酒品。顾客确定酒水后，应将顾客所点酒水的名称及数量写在点菜单的酒水栏或单独的酒水单上。

7. 开单与送单

服务员根据顾客所点菜肴、酒水填写点菜单、酒水单时，字迹要工整、清楚、符合规定，并注明台号、日期、人数及点菜人员等。开单时通常根据菜单上的项目次序分类填写，备注栏内填写顾客的特殊要求。点菜单一般一式四联，一联交收银台；一联经收银台盖过章后交给传菜部，由传菜员保管；一联经收银台盖章后交给厨师，作为做菜的依据；一联由服务员自己保管，席间划单时使用。

顾客点完菜后，收回菜单、酒水单，放在规定位置，将写好的点菜单、酒水单迅速交给传菜员，通知厨房、酒吧，尽量缩短顾客的等候时间。

就餐服务就是在客人整个就餐过程中，照料客人的各种需要，最大限度地使客人满意。

三、餐中服务

(一) 上菜上酒

服务人员要快速领取客人所点的酒水和饮料，若是整瓶的，需将瓶子擦干净；若是罐装饮料，切记不要正对客人打开。酒水要当着客人的面打开，并且要向客人展示商标。打开后为客人斟倒酒水，斟倒完毕，如有剩余酒水，应放在餐桌一角，数量较多的，应征询客人意见，摆放于附近工作台上，并及时给客人添加。如果客人面前有不用的酒杯，要及时撤掉。

第一道菜出菜时间不能太久，一般不能超过15分钟。若出菜时间太久，服务员应不时地向客人打招呼，以取得客人的谅解。若客人有急事不能久等，应尽快与厨房取得联系，快速上菜。

当传菜员托菜到桌时，服务员应快步迎上，核对无误后端菜上桌。菜上桌的同时服务员要报出菜名，简单介绍一下菜的特点，并在点菜单上注销。上最后一道菜时，要主动告诉客人菜已全部上齐，并询问还有什么要求或需要什么帮助和要求。

（二）席间巡视

服务员在客人就餐过程中，要时常巡视每桌客人的就餐情况，经常为客人撤换烟灰缸及餐碟，及时收去餐台上的空盘、空瓶、空罐等。要不时地为客人斟倒酒水、饮料，客人在进餐过程中由于菜不够吃，或对某一道菜特别提出加菜要求时，应详细了解情况，开单下厨，给予令客人满意的处理。

当客人对某菜肴的质量有意见时，服务人员应冷静考虑，认真对待，按实际情况妥善解决。如果菜肴质量确实有问题，要诚恳地向客人致歉，并向上级主管反映，给客人更换新的菜肴。如果有客人无中生有、无理取闹，应及时报告给上级主管处理，以免影响餐厅的正常营业。

四、餐后结束工作

餐后结束工作是指顾客用餐完毕后，服务员所做的收尾工作。

（一）结账收款

当顾客所要的菜全部上齐并表示不再需要其他服务时，服务员应及时告知收银准备结账。在收银处领取账单后需核对，确认订单、台号、人数、所点品种及数量与账单相符后，将账单放入收银夹或收银用托盘内。

当顾客要求结账时，服务员呈递账单，距离顾客不可太近或太远，身体前倾，用托盘或账单夹将账单交给顾客，请顾客过目，在顾客要求报出总额时，再清晰报出账单总额。

顾客的结账方式有以下几种：

1. 现金付款

顾客现金结账时，服务员需看清楚顾客所付金额，并轻声报出收到的现金额和应找的余额，点清后代顾客到收银台交付，由收银员收账、找零并在账单上加盖“付讫”章。找回的余款和发票也要用收银托盘或收银夹送给顾客，并向顾客致谢。

2. 信用卡付款

顾客用信用卡付款时，服务员首先应弄清顾客的信用卡能否在本餐厅使用，若能使用，交至收银台，由收银员按操作程序进行划拨，完毕后，将信用卡送还顾客，并表示感谢；若信用卡不能使用，应向顾客表示歉意，并请顾客用现金结账。

3. 签单付账

如果是一次性结账的酒店，住店顾客可使用签单形式结账。签单时，请顾客出示住宿卡和房间钥匙牌，收银员核对无误后允许签单，然后将账单转至总台一起结账。签单时注意提醒顾客将年、月、日及用餐金额的大小写、签单人员姓名、部门等内容签完整。签单完毕，服务员应向顾客表示感谢，然后迅速将签过的账单送交收银台。

4. 支票付款

顾客用支票付款时，服务员要认真查看支票上的各项内容，婉言要求顾客出示能证明其身份的有效证件，然后向顾客致谢，并将支票交至收银台，请收银员处理。

（二）征求意见

当顾客用餐完毕，即将离开餐厅时，服务员应态度诚恳地主动征求顾客对餐厅的意见，包括菜肴质量、服务质量、环境卫生等。对顾客提出的建议或给予的表扬，服务员应礼貌地向顾客表示感谢；对顾客提出的批评，服务员首先应诚恳地向顾客致歉，然后寻找恰当合理的方法进行处理。如自己无权处理或处理不了，应及时呈报有关部门或餐厅经理。

（三）拉椅送客

顾客用餐完毕起身离座时，服务员要主动上前为顾客拉开座椅，并准确地为顾客递上衣帽，同时提醒顾客携带好随身物品，协助顾客检查台面和餐椅上、衣架上有无遗留物品，然后根据不同情况，采取不同的方式与顾客热情告别，并欢迎顾客再次光临。

（四）翻台

翻台是指将顾客就餐时用过的台面迅速清理，换上干净的台布，摆上齐全干净的餐具、用具，做好接待下一批顾客的准备工作的全过程。翻台应以最快的速度进行，且不可掉餐具、打碎餐具等。操作时要轻声有序，保持餐室、餐具的干净卫生，按摆台标准进行。

（五）整理桌椅、餐具和用具

当餐厅全天营业结束，顾客全部离开餐厅后，服务员要打扫餐厅，收拾各种餐具和用具，将地面清洁干净，桌椅摆放整齐，各种巾布送往洗衣房，餐具和用具消毒完毕，台面用具添满擦净，各种服务用品放置有序，经领班检查后方可下班离去。

第二节 西餐零点服务的基本程序

一、西餐的特点

西餐是指西方国家的饮食。每个国家、每个民族都有其特有的饮食习惯和特点，通过烹饪方法及服务方式等多方面表现出来。

在西餐中可分出几大典型的烹饪方法及相应的服务方式，即英、法、美、意、俄等国的菜式及相应的服务方式，并显示出各自的风味特色。其共同特点有：

（一）营养价值

西餐烹饪注意营养价值。饮食服务首要的职责就是提供美味、卫生、富有营养的膳食，而满足最低营养要求的膳食应得到最优先的考虑。因此，西餐烹饪注重考虑膳食中营养元素的含量及营养价值。

（二）多样性服务

西餐服务具有多样性的特点。西餐具有4种主要的桌面服务方式，即法式、美式、俄式及英式服务。不同的服务方式有其不同的特点。

法式服务也称餐车服务。它具有用具讲究、装饰豪华、现场制作等特点，并配有酒水服务员，更使其不同凡响。美式服务或称盘式服务，厨师长控制食品质量，有服务快捷、不需昂贵设备等特点。俄式服务也称大盘服务，有服务员分让菜肴，适用于宴会服务等特点。英式服务是典型的家庭式服务，有主人按家庭方式起传，把菜肴绕桌传递，客人自取所需菜量，服务员的大量精力用于清理餐桌等特点。

（三）取材丰富

取材丰富，用料讲究。就烹饪而言，西餐具有取材丰富、用料讲究的特点。西餐取材有肉类、水产类、野味类、家禽类、果蔬类、乳品类、谷类等多种类型，其用料以讲究著称。仅肉类，就可划分出特级、一级、优良标准级、普通级及经济级。因此，西餐烹饪应分档取料，以保证质量。

此外，西餐服务还有自助餐服务、宴会服务等方式。因此，一个优秀的西餐服务员应懂得各种方式的服务规程，以适应不同用餐顾客的需求。

二、西餐零点服务

（一）受理电话预订

电话铃响不能超过三声，接听要及时。接听电话首先用英文问好："Good evening，this is '×××'，May I help you?"如通话对方没有反应，即用中文问好："您好，请问需要帮忙吗?"在接受订座时，必须登记客人姓名、人数、就餐时间、房间号码等，尤其要记清客人的特殊要求。

（二）迎接客人

客人来到餐厅，迎送员应面带微笑，主动上前问好。如可以说："晚上好，请问您是否有订座?"如客人已订座，迎送员应热情地引客人入座。如果客人没有预订，迎送员应礼貌地将客人引领至适当的餐桌。

（三）带位

询问客人就餐人数后，将客人带到满意的餐台前。带客时应走在客人前方约1米处，且不时回头，把握好与客人的距离。切忌只顾自己走在前面，而把客人落在后头。离开前，向客人说："请慢用。"

（四）拉椅让座

当迎送员把客人带到餐台边时，服务员应主动上前为客人拉椅让座。站在椅背的正后方，双手握住椅背的两侧，后退半步，同时将椅子拉后半步。用右手做一个"请"的手势，示意客人入座。在客人即将坐下的时候，双手扶住椅背两侧，用右膝盖顶住椅背，手脚并用将椅子轻轻往前送。拉椅、送椅动作要迅速、敏捷，力度要适中，不可用力过猛，以免撞倒客人。

（五）铺席巾

按先女士后男士，先客人后主人的次序顺时针方向依次进行。站在客人的右手边拆开餐巾，左手提起餐巾的一角，使餐巾的背面朝向自己。用右手拇指和食指捏住餐巾的另一角。采用反手铺法，即右手在前，左手在后，轻快地为客人铺上餐巾，这样可避免右手碰撞到客人身体。

（六）点蜡烛（晚餐）

服务员退后半步，身体前倾把餐台上的蜡烛点燃后，立即熄灭火种。注意操作安全，火种不能碰到客人。

（七）推销餐前饮品

酒水员或领班向客人推销饮品。

（八）上餐前饮品

酒水员在客人右侧上餐前饮品，并报上饮品名称。

（九）上面包、牛油

牛油碟放于面包碟正前方约1.5厘米处。备饭匙、大叉各一把，置于面包篮的一端，饭匙柄、叉柄向右，面包篮里备好各款面包。上面包时在客人的左侧进行，左手持面包篮，身体微向前倾，将面包篮送到客人的左前方，礼貌地请客人选择喜欢的面包品种，然后右手持饭匙和大叉将面包夹送至客人的面包碟里。面包服务按逆时针方向进行。面包篮递送位置要恰当，不可过高或过低。每服务完一位客人要将饭匙和大叉放回篮子里，同时后退一步再转身去为下位客人服务，千万不可将面包篮直接从客人头上绕过去。

（十）递送餐牌

领班从客人的右边送上餐牌，需将餐牌打开至第一页，送至客人手中；向客人介绍当日特色菜。让客人考虑片刻，再上前站在客人的左边为客人点菜，按逆时针方向进行。按女士优先、先宾后主的原则为客人点菜。点菜结束离开前需感谢客人。

（十一）撤下餐前饮品杯具

如客人仍未喝完，则需等客人用完后再撤走。

（十二）送上酒单介绍餐酒

酒水员从客人的右边送上酒单，并根据客人所点的食品主动推销红、白葡萄酒。用一条餐巾垫在瓶身下，右手握住瓶身上端。左手托住瓶底，站在主人的右边将酒递给主人鉴赏，并请主人确认。

（十三）上葡萄酒

严格按照操作规范内容上红、白葡萄酒。

（十四）撤换及摆放餐具

用一个圆形的托盘盘子，上面放上一条折叠好的干净餐巾，将准备好的餐具放入餐巾中。撤换餐具时应先撤一只，再摆放一只。撤换餐具时不可将客人所要用的餐具全部一次性摆上台，而应在下一道菜未上前及时撤换一套相应的餐具。

（十五）上菜

上菜在客人的右侧进行。上配料汁酱、柠檬、面包片、沙律汁、胡椒粉等，从客人左边进行。上菜时，重复客人所点的菜式名称。将每道菜观赏面或主菜朝向客人。上菜完毕后再一起揭开菜盖，并请客人慢用。

（十六）巡台

（1）添酒。酒杯里的酒不能少于1/3，如酒瓶已空，要展示给客人看并主动推销葡萄酒。待客人认可后方可将空瓶撤走。

（2）添冰水。水杯里的水少于1/3时也要添加。

（3）添牛油。如客人还在吃面包，而牛油碟里的牛油已少于1/3时可添。

（4）添面包。及时为客人添加面包，保证客人的盘不空。

（5）更换烟灰缸。烟灰缸内不能超过三个烟头或烟灰缸内已有许多杂物。

（6）撤掉空饮品杯，并推销其他饮品。

（十七）撤餐碟

在客人右侧进行。要等到整桌客人均吃完同道菜后再撤掉餐碟，不要在仍有客人未吃完时就撤掉已吃完的客人的餐具，这样做会让未吃完的客人以为你在催促他（她）。按顺时针方向撤盘子。

（十八）询问客人意见

当菜上到1/3左右时，领班应主动上前询问客人对食品及服务质量的意见。

（十九）清洁桌面

客人用完主菜后，除水杯（包括有饮料的玻璃杯）、烟灰缸、茶瓶烛座外，应将餐桌的其他餐具撤下。撤餐具按顺时针方向进行。一手拿一个甜品盘或银制小钵，一手拿一块叠好的干净餐巾，按逆时针方向在客人的左边清扫桌面。

（二十）推销甜品、咖啡、茶

在客人右边送上甜品单，同时推销时令水果、雪糕、芝士、咖啡、茶等。

（二十一）酒水

将餐后酒车推至桌前，推销餐后酒。

（二十二）结账

在主人的左手边递上账夹，然后略向后退等候客人结账。结账后需向客人表示感谢。

（二十三）送客

当客人即将离座时，应及时上前为客人拉椅，提醒客人检查是否有物品落下，并把客人送至餐厅门口，感谢客人的光临。客人离开后，立即清洁餐桌，检查是否有客人遗留物品，将餐椅摆放整齐。更换桌布，重新摆位。

第三章 端托服务

托盘是餐厅服务员为宾客端送各种物品的常用工具之一，因此，端托的操作熟练程度就显得十分重要，也是评价餐厅服务员技能水平高低的标准之一。

第一节 托盘的使用知识

一、托盘的作用

托盘是餐馆运送各种物品的工具。正确有效地使用托盘，是每一位餐馆服务人员在工作中所必须掌握的一门服务技术；正确地掌握和使用托盘，不仅能减少搬运次数，减轻服务人员的劳动强度，提高服务质量和工作效率，还体现了餐馆服务工作的规范化，显示服务人员的文明操作。在服务中，无论是摆、换、撤、运餐具，还是走菜、托运饮品，都要根据不同的物品及工作需要，用各种不同规格的托盘装运、递送。

托盘操作时，要求讲究卫生，启运方便，礼貌安全，托平走稳，汤汁不洒，菜形不变。

二、托盘的种类与规格

（一）托盘的种类

一种是木质托盘，这种托盘用木做胎，外表用油漆进行彩绘。

一种是金属托盘，这种托盘种类较多，有铜质托盘、铝质托盘、不锈钢托盘及高档的金、银托盘。金、银托盘一般均采用铜质金属做胎，外镀金或银。

另有一种塑料托盘，这种托盘大多是经过防滑处理的塑料材质制成的。

（二）托盘的规格

托盘的形状大体有两种：一种是圆形托盘，另一种是方形托盘。规格分为大、中、小三种。大、中长方形托盘，一般用于托送分量较重的食物、酒水和餐酒用具等。大、中、小圆形托盘和小长方形托盘，一般用于摆、换、撤餐具和酒具及斟酒、送茶、送咖啡等，特别常用的是直径40厘米的圆托盘。小银盘主要用于递账单、送信件、收款找零等。

餐厅服务员在工作中，应选择与负载重量相称的托盘运送物品。

三、端托与托盘使用

正确掌握和使用托盘是餐厅服务员必须掌握的一门服务技能，从中可以看出饭店服务人员的规范化、标准化。根据客人对不同物品的需求，用不同规格的托盘进行托运，这样操作，既安全卫生，托运起来又灵活方便。

端托服务主要有两种：徒手端托和托盘端托。

（一）徒手端托

餐厅席间服务中，往往需要服务员用手直接将客人所需物品或食品端送至客人面前。使用金、银器直接送至餐台上时，往往采用徒手端托的方法。由于金、银器皿和所端物品较贵重，在端托时要注意用双手捧托。

在端托菜肴食品盛器时，当盛器与托盘尺寸相同或大于托盘尺寸的情况下，也应采用徒手端托的方法进行端托服务。

（二）托盘端托

托盘端托的方法有两种：轻托和重托。轻托和重托都有趣盘、装盘、托盘三大步骤。在整理托盘前，要将托盘进行洗涤、消毒，服务员的手也要先消毒后，方可理盘、装盘、端托，以免造成对食物的污染。

第二节　轻托

一、轻托的概念

轻托又叫胸前托，主要用于端托5千克以下的物品。操作时，左手托托盘，右手摆臂或放在背后，小臂与身体呈90度；拳心向上，五指分开，以大拇指的指端到掌根部和其余四指托住托盘，手心自然成凹形，不与盘底接触，左上臂不靠身体，托盘不靠腹，用手腕劲平托于胸前，手随时调节重心，保持托盘的平稳。

二、轻托的操作要领

用左手托盘。端托时大臂自然下垂，小臂向上弯曲与大臂呈90度垂直状，左手掌伸平，掌心向上，五指分开伸直，以大拇指指端到手掌根部和四指托住盘底，手掌自然形成凹形，掌心不与盘底接触。

（一）理盘

根据所托物品选择合适的托盘，将托盘洗净擦干，将洁净的餐巾或垫布用清水打湿拧干，端正地平铺在盘内，垫巾的大小、形状要与托盘相适应，外露部分一定要均匀，使整理铺垫后的托盘既整洁美观，又可以避免托盘内的物品滑动。

（二）装盘

装盘是根据所装物品的形状、大小、重量及取出的先后顺序，进行合理地码放。在几种物品同装时，一般是重物、高物放在托盘的里面，轻物、低物放在外面；先取出的物品放在上、放在前，后取出的物品放在下、放在后。托盘内的物品宜单件平摆（餐碟、汤碗除外），装在圆托内的物品应呈圆形，装在长方形托盘内的物品应横竖成行码放。盘内物品应相对集中，重量分布均衡，合理装盘是端托的重要一环。

（三）托盘

1. 起台

左手掌伸平，掌心向上，五指分开，左臂上下弯曲呈 90 度。上身前倾，腰略弯，左脚在前，右脚在后，侧身用右手将装好物品的托盘从搁台上拉出 2/3，用左手五指指尖和掌根接托住托盘底部中间部位，掌心不与盘底接触，使手指和手腕同时受力，将托盘平衡托起，平托于身体左前方，托盘托平稳后放下右手。托盘应略高于腰部，并与腰部有一定间隙，不要将托盘靠在身上。

2. 行走

在端托行走时头要正，肩要平，身体要直，挺胸收腹；目光注视前方，顾及左右；面部表情轻松自如，面带笑容；脚步轻盈，右臂随着步子自然摆动。如遇障碍物应避让，避让时姿势要自然。

3. 落台

到达目的地，应先右脚向前一步，上身前倾，使左手与台面处于同一平面上，然后用右手协助向前轻推，左手慢慢地向回撤，使托盘全部平放于台面上。

三、轻托的注意事项

1. 轻托时要用左手。除了在起、落台时右手扶托外，行走时禁止右手扶托。端托时需注意卫生。

2. 轻托时，所托物品要避开自己的鼻口部位，也不可将所托物品置于胸下。

3. 轻托时掌握正确姿势。做到站稳、端平、托举到位、高低适中。

4. 卸盘时，要注意保持平衡。如要放下托盘，应把托盘小心放到一个已经选择好的平面处，不可在没有放好托盘之前急于取下物品，以免翻盘。

第三节　重托

一、重托的概念

重托又称肩上托，是对较大且重的物品的端托，需服务员有一定的臂力和技巧，主要用于托运较重的菜点和物品（重量在10千克左右），适于选用长方形托盘。伸出左手，掌心向上五指分开，用全掌托住盘底，掌握好重心后，用右手协助将托盘托起至胸前，然后再用力托起至肩上的同时向左向后转动手腕90度至左肩上方。

托盘位置以盘底不搁肩、盘缘不近嘴、盘后不靠发为准。行走时，右手自然下垂摆动或扶住托盘的前内角，保持盘平、肩平、头正、身直，保证托盘不晃动，身体不摇摆。

二、重托操作要领

用左手托盘。伸开手掌，掌心向上，平托住托盘底部的中心，在托起的同时转动托盘，使托盘在向左旋转过程中送至左肩外上方，左手指尖向后，托盘距肩2厘米。手指指尖向前伸、向左伸均属端托不到位。重托的理盘与轻托的理盘相同，但由于重托一般端的是较重的物品，所以要注意使用大小适宜的盘子。

1. 切忌所有物品不分大小、形状、体积装在一个盘内，以免物品滑动，甚至落地打碎。

2. 重托装盘应注意装物得体，最好能使重量均匀。重物、高物应放在托盘的中心位置，以保证平衡。最好能将物品分门别类地装盘。

3. 重托行走时，步伐不宜过大、过急，应做到脚步轻快；尽量保持头正肩平，上身挺直，让盘面随着行走步伐上下微动；面部表情自然放松；面带笑容，做到盘底不肩，盘前不靠嘴，盘后不靠发。另外要注意行走安全，防止与他人碰撞。

4. 落托时要做到：一要慢；二要轻；三要平。左手转举落托盘时，要用右手协助。待盘子与台面平行时，再用左臂或左手将盘向前推进。注意放盘时要屈膝但不能弯腰。

5. 起托双手将托盘移至服务台的边沿处，使托盘的 1/2 悬空，右手将托盘扶平，左手伸入托盘底部五指分开，掌心向上伸平托住托盘底部的中心。上身前倾，双腿弯曲下蹲。起托后，在左手掌握好重心后，右手协助左手向上用力将托盘慢慢托起，在托起的同时转动托盘，使托盘在转动中送至左肩外上方，盘底离肩部约两厘米。左手托实、托稳后，再将右手撤回。托盘一旦托起上肩，手臂要始终保持均匀用力，如果用力不均匀容易造成所托物品洒、掉、滑动等现象。

三、重托的注意事项

1. 重托时，端托姿势要正确，托举到位，不能将所托物品贴靠于自己的头、颈部位。端托时要注意卫生。

2. 重托时掌握正确姿势。做到站稳、端平、托举到位、高低适中。

3. 卸盘时，要注意保持平衡，右手应扶住盘边；如要放下托盘，应把托盘小心放到一个已经选择好的平面处，千万不要在没有放好托盘之前急于取下物品，以免翻盘。

第四节　端托服务中应注意的问题

一、端托姿势

端托的姿势要领要掌握好，做到“三平、一松、一稳”，即眼睛平、双肩平、托盘平，面部表情轻松，盘内物品要稳定。

二、端托卫生

端托服务时应注意卫生方面的要求。轻托时，所托物品要避开自己的口、鼻部位，防止打喷嚏时或和别人讲话时唾沫星污染食品；重托时，端托姿势要正确，托举到位，不可将盘落在自己的肩上，头和颈部不要贴靠物品。

三、端托安全

端托时，左手端托，右手下垂，除了起台和落台时右手扶托外，一般情况下禁止右手扶托。右手扶托有三点危害：一是不雅观；二是遮挡行走视线；三是容易造成端托失误。

端托时，目光应平视前方，切勿只盯托盘；端托服务中需取拿托盘内所托物品时，应做到进出有序，确保所托物品的平衡。

四、行走步法

端托行走时要做到端平，不晃动，汤汁不洒，菜肴的形状不变。根据端托物品的不同，应选择不同的行走步法。

（一）常步

常步是在正常情况下走路的方法和技巧，要求步距均匀，快慢适中，给人以稳重大方之感。

（二）快步

快步是端火候菜肴或急需物品时的一种急行步法，要求步距稍大，步速稍快，但不能形成跑步，要在稳中求快，保证物品不变形，不洒落。

（三）碎步

碎步是上汤菜时常用的一种行走步法。其特点是步幅较小，步速较快，上身保持平稳。

（四）垫步

服务员端送饭菜到餐桌前应稍停，然后再上一步，往餐桌摆放饭菜，但有时到餐桌赶不上步，就需利用垫步方法。有时服务员要通过人群或狭窄的通道也需用到垫步，这也是服务员采用的缓冲动作。

（五）巧步

巧步是指服务员突然遇到意外或障碍，巧妙躲闪以保证端托物品安全而采用的超出常规行走的灵活多变的步法。此种步法不固定。

（六）上楼梯步

上楼梯步是服务员上楼梯时采用的步法。行走时，上身略向前倾，重心前移，两腿交替向上，用力均匀，速度比在平地行走时稍快。

第四章　餐巾折花

餐巾折花相传起源于古希腊，17 世纪后进入西方家庭，而进入中国市场只不过是近百年的事。现在看到的餐巾折花则是中西方文化交融的产物。据故宫博物院组织编写的《紫禁城帝后生活》介绍，清代皇帝在用餐时也使用餐巾，当时被称作“怀挡”，是用布做成的。现在的餐饮活动中折花越来越受到重视，无论在自助餐展台、冷餐酒会、公司庆典餐会，还是在各个地方举办的食品节、经贸洽谈会的展台上都能看到精美的餐巾折花。

第一节　餐巾的作用与种类

一、餐巾的作用

餐巾，又名口布、茶巾、茶布、席布、花巾等，各地有各地不同的叫法，它是餐桌上专用的保洁方巾。因此，餐巾首先是一种保洁用品，供宾客在进餐过程中使用。宾客把它衬在胸前或放在膝盖上，一方面可以用来擦嘴，另一方面也可以防止汤汁污染衣服，起到清洁卫生的作用，有的宾客在就餐前还用餐巾来擦一下餐具。

将餐巾折叠成千姿百态的花型，对席面起到点缀美化的作用，它能增进宴会隆重热烈的气氛，给宾客以艺术上的享受。

餐巾花还是一种无声的语言，交流着宾主之间的感情。如在席面放“迎宾花篮”，不言而喻，这是主人对来宾的热烈欢迎；在结婚喜酒席上，采用“鸳鸯戏水”“喜鹊唱枝”“玫瑰花朵”等花型，则表达人们对新人的美好祝愿；在老人面前摆设“瑶池寿桃”“蝴蝶百寿”“鹤鸣祝寿”等花型，会使老人感到特别高兴。另外，如在女宾客席前放上“孔雀”“鲜花”，在小宾客席前放上“金鱼” “小鸟”等小动物，都表达了主人的好客之情。

运用餐巾花不同花型的摆放，还可以起到识别标志的作用。如一桌宴席中，有一朵餐巾花特别醒目高大，而其他餐巾花则低矮小巧，宾客可根据席面的餐巾花，就会知道这一桌是主桌，来宾可根据自己的身份恰当地选择餐桌和席位，以免出现尴尬的场面。

二、餐巾的分类

（一）按质地分类

餐巾可分棉织品和化纤织品。棉织品餐巾吸水性较好，去污力强，造型效果好。化纤织品色泽艳丽，透明感强，富有弹性，可二次造型，但吸水性差，去污力不如棉织品。

（二）按颜色分类

餐巾颜色有白色和彩色两种。白色餐巾给人以清洁卫生、恬静优雅的感觉。它可以调节人的视觉平衡，可以安定人的情绪。彩色餐巾可以渲染就餐气氛，如大红、粉红餐巾给人以庄重热烈的感觉；橘黄、鹅黄色餐巾给人以高贵典雅的感觉；淡绿色、湖蓝色餐巾在夏天能给人以凉爽、舒适之感。

三、餐巾折花的作用

餐巾是一种卫生用品，客人在用餐时可把餐巾铺于膝盖上或前，防止汤汁、酒水等洒在衣物上。餐巾折花可以美化餐台，烘托就餐气氛，给客人以美的享受。餐巾折花还是一种无声的象征性语言，不同式样的餐巾折花造型蕴含着不同的宴会主题，能对主宾之间的沟通交流产生良好的效果。餐巾折花还能表明宾主的座次，体现宴会的规格和档次。如主人面前的花型高度要高于其他花型，以显示主人地位的尊贵。

第二节　餐巾折花的基本技法

一、餐巾的折法

餐巾折花的基本技法有叠、推、卷、穿、翻、拉、捏、掰、摄9种。餐厅服务员应反复练习，达到技艺娴熟，运用自如。

（一）叠

叠是最基本的餐巾折花手法，几乎所有的造型都要使用。叠就是将餐巾一折为二，二折为四，叠成三角形、长方形、菱形、梯形、锯齿形等形状。叠的基本要领是熟悉造型，看准角度一次叠成。如反复折叠，就会在餐巾上留下折痕，影响挺括美观。

（二）推

推是打褶时运用的一种手法，就是将餐巾叠成褶裥的形状，使花型层次丰富、紧凑、美观。打褶时，用双手的拇指和食指分别捏住餐巾两头的第一个褶裥，两个大拇指相对成一线，指面向外。再用两手中指接住餐巾，并控制好下一个褶裥的距离；拇指、食指的指面握紧餐巾向前推折至中指处，用食指将推折的褶裥挡住，中指控制下一个褶裥的距离，三个手指如此互相配合。

推折可分为直线折和斜线折两种，两头一样大小的用直线折，一头大一头小或者半圆形、圆弧形的用斜线折。推的要领是折出的褶裥要均匀整齐、距离相等。

（三）卷

卷是用大拇指、食指、中指三个手指相互配合，将餐巾卷成圆筒状。卷分直卷和螺旋卷。直卷有单头卷、双头卷、平头卷。螺旋卷分两种：一种是先将餐巾叠成三角形，餐巾边参差不齐；另一种是将餐巾一头固定，卷另一头，使卷筒一头大，一头小。不管是直卷还是螺旋卷，都要卷得紧凑、挺括，否则会因松软无力、弯曲变形而影响造型。卷的要领是卷紧、卷挺。

（四）穿

穿就是指将餐巾先折好后攥在左手里，用筷子一头穿进餐巾的褶缝里，然后用右手的大拇指和食指将餐巾沿着筷子一点一点向后拨，直至把筷子穿出餐巾为止。穿好后先把餐巾花插入杯子内，然后再把筷子抽掉，否则容易松散。穿好的褶裥要平、直、细小、均匀。

（五）翻

翻是指把餐巾折、卷的部位翻出所需要的花样来，大都用于折花鸟造型。翻时一手拿餐巾，一手将下垂的餐巾翻起一只角，翻成花卉或鸟的头颈、翅膀、尾巴等形状。翻叶子时，要注意叶子对称，大小一致，距离相等。翻鸟的翅膀、尾巴或头颈时，一定要翻挺，不要软折。翻的要领是大小适宜，自然美观。

（六）拉

拉是指在翻的基础上，为使餐巾花型挺括而用的一种方法，一般在餐巾花半成形时进行。把半成形的餐巾花攥在左手中，用右手拉出一只角或几只角来。通过拉可使餐巾的线条更加明显，花型挺括，富有生气。拉的要领是大小比例适当，造型挺括。

（七）捏

捏主要用于做动物（如鸟）的头部造型。操作时先将餐巾的一角拉挺做颈部，然后用一只手的大拇指、食指、中指捏住鸟颈的顶端，食指骨向下，将巾角尖端向里压下，用中指与拇指将下面的巾角捏出尖嘴状，作为鸟头。捏的要领是棱角分明，头顶角、嘴尖角要捏到位。

（八）掰

掰主要在叠餐巾花束的时候使用。将餐巾做好的褶用右手一层一层掰出层次，呈花蕾状。掰时用力不要过大，以免松散。掰的要领是层次分明，间距均匀。

（九）攥

为了使叠出的餐巾花型不致脱落走样，一般用左手攥住餐巾的中部或下部，再用右手操作其他部位，其要领是攥在手中的餐巾不能被挤散。

二、餐巾折花时应注意的问题

第一，餐巾折花前必须做好准备工作，要挑选洁净、无损的餐巾，颜色和规格应统一。要备有光滑干净的圆筷。插花用的玻璃杯要无破损、无指纹、无污染、洁净透明、大小一致、深浅适宜。操作台要平整、光滑、洁净。

第二，餐巾折花要在干净的餐盘或托盘内操作，操作前要将双手洗净消毒，操作时不允许用嘴叼、用牙咬及用针缝。放花入杯时手指不允许接触杯口，杯身不允许留下指纹。餐巾折花放入杯中 2/3 高度处为宜。

第三，餐巾花既是用品也是供顾客观赏的艺术品，故造型要美观大方、逼真、挺括、玲珑剔透，给人以美感。

第四，餐巾折花时要分清餐巾的正反面，姿势应自然，手法要轻巧灵活，用力得当，取准折叠折角，一次折叠成功，切忌返工，以免留下折痕，影响美观。

三、操作步骤

在这里介绍几种餐巾折花的操作步骤，以供参考。

（一）孔雀开屏

步骤 1：将餐巾正面朝上，菱形放置；

步骤 2：将餐巾向靠近菱形顶角部位提折第一层，与菱形顶角间距 10 厘米左右，接着将朝下的巾角向上翻折；

步骤 3：再将朝上的巾角向下翻折成第二层；

步骤 4：第一层与第二层相间 1 厘米，把朝下的小三角向上折；

步骤 5：从中间向两边打折裥；

步骤 6：将打好折裥的餐巾攥在左手；

步骤 7：运用“穿”的技法将一双筷子穿过第一层、第二层的折裥，将小三角整理成孔雀的头部；

步骤8：装杯后，抽去筷子，稍作整理。“孔雀开屏”的操作步骤及成品效果如图4－1所示。

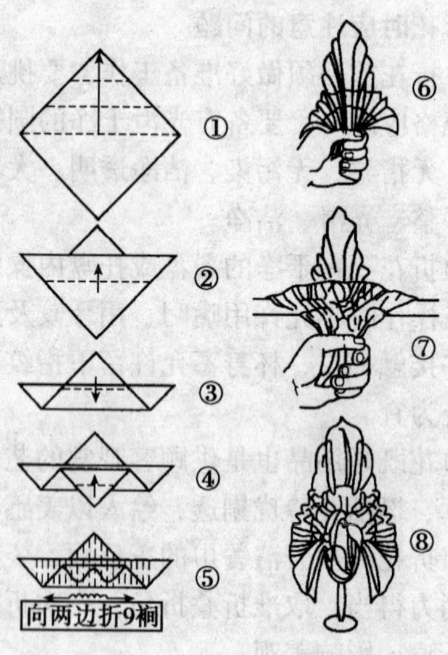

图4－1 “孔雀开屏”操作步骤图

（二）卷蝴蝶

步骤1：将餐巾反面朝上，两边向中心线对折成长方形；

步骤2：将四片巾角从长方形的中间向四个角打开；

步骤3：从长方形的一头开始向前卷起；

步骤4：卷至中间部位向前打折裥；

步骤5：打好折裥后将餐巾向后对折；

步骤6：装入杯中，整理成型。

“卷蝴蝶”的操作步骤及成品效果如图4－2所示。

（三）花背鸟

步骤1：将餐巾正面朝上，菱形放置，从一巾角的两边向中间对折；

步骤2：将餐巾竖放，尖角部位朝前，由后向前均匀折裥；

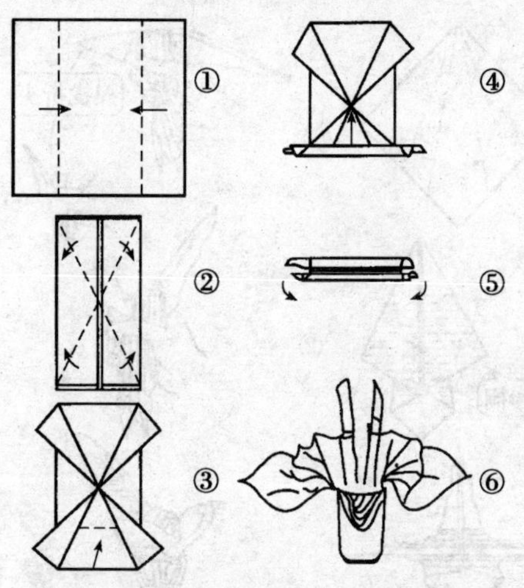

图 4－2 “卷蝴蝶”操作步骤图

步骤 3：打好折裥后将餐巾向后对折；

步骤 4：攥在左手，前面的巾角翻折成花背鸟的头部；

步骤 5：将两边的巾角翻折成花背鸟的翅膀；

步骤 6：装入杯中，整理定型。

“花背鸟”的操作步骤及成品效果如图 4－3 所示。

（四）翘尾鸟

步骤 1：将餐巾反面朝上，对折成三角形；

步骤 2：从三角形的底边向上卷；

步骤 3：留一个小三角（约 11 厘米）；

步骤 4：将小三角的上面一层向后回折，再从卷的 2/5 处对折；

步骤 5：对折后将两卷朝上；

步骤 6：把短卷朝下折，形成翘尾鸟的身体；

步骤 7：把朝下的卷再朝上折，做翘尾鸟的头，再将两边的巾角翻折成翘尾鸟的翅膀；

步骤 8：装入杯中，整理定型。

“翘尾鸟”的操作步骤及成品效果如图 4－4 所示。

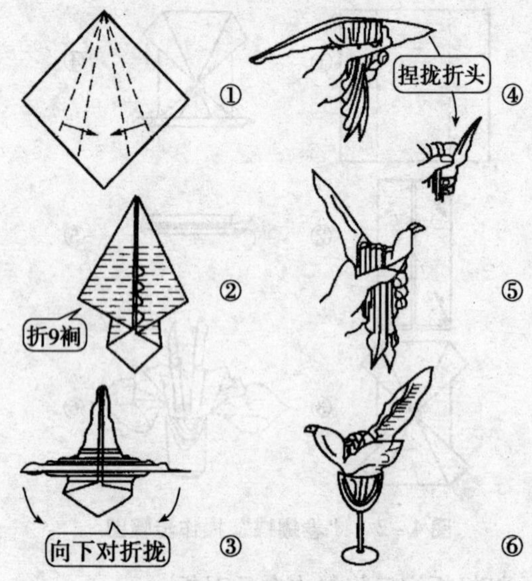

图 4－3 “花背鸟”操作步骤图

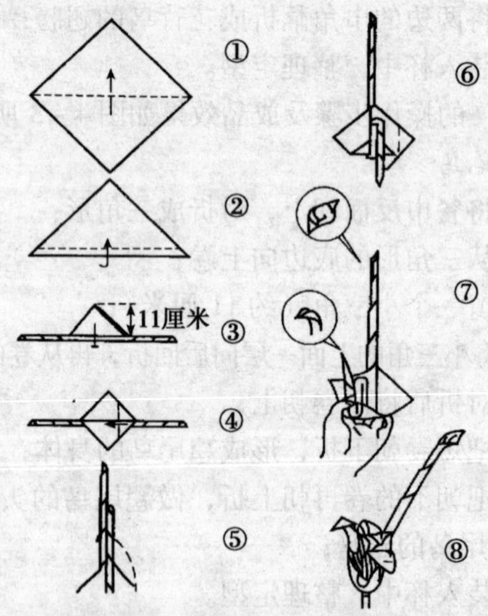

图 4－4 “翘尾鸟”操作步骤图

（五）圣诞火鸡

步骤1：将餐巾反面朝上，对折成长方形；

步骤2：再对折成正方形；

步骤3：将正方形的三片巾角向上对折成三角形；

步骤4：再把三片巾角依次向原处折，巾角对齐，每片餐巾间距1～2厘米；从中间向两边打折裥；

步骤5：左手攥住中间，朝下的餐巾翻上做火鸡头；

步骤6：装入杯中，整理成型。

“圣诞火鸡”的操作步骤及成品效果如图4－5所示。

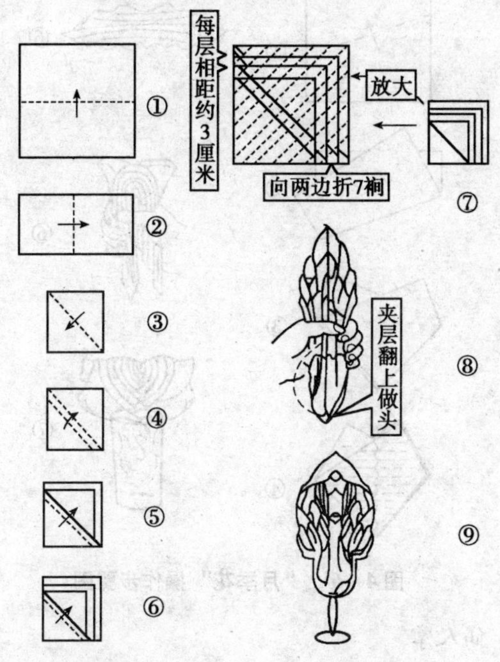

图4－5　“圣诞火鸡”操作步骤图

（六）月季花

步骤1：将餐巾反面朝上，菱形放置；

步骤2：对折成错位长方形；

步骤3：再对折成错位正方形，将餐巾菱形放置，四片巾角朝上；

步骤4：从下向上打折裥；

步骤5：打好折裥后，从中间弯曲；

步骤6：运用掰的技法整理成月季花瓣；

步骤7：初步整理花心，装入杯中，整理成型。

“月季花”的操作步骤及成品效果如图4－6所示。

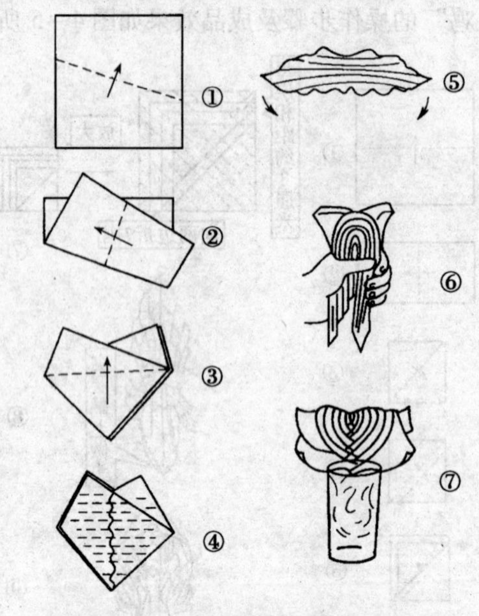

图4－6 “月季花”操作步骤图

（七）仙人掌

步骤1：将餐巾反面朝上，对折成长方形；

步骤2：将长方形的两片巾角向上对折成三角形；

步骤3：再把余下的两片巾角向下对折成三角形；

步骤4：将三角形对折成小三角形；

步骤5：运用斜折裥的技法，折成仙人掌的形状；
步骤6：用手攥住仙人掌底部，初步成型；
步骤7：装入杯中，整理定型。
“仙人掌”的操作步骤及成品效果如图4－7所示。

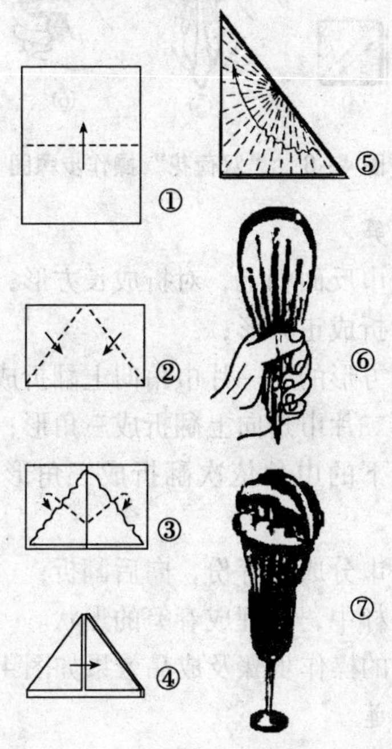

图4－7　“仙人掌”操作步骤图

（八）双荷花

步骤1：将餐巾反面朝上，对折成长方形；
步骤2：将长方形对折成正方形；
步骤3：把第一片巾角向上翻折，第四片巾角向后翻折；
步骤4：从中间向两边打折裥；
步骤5：餐巾攥在左手；
步骤6：把朝下的两片餐巾从两边向上翻折成荷花的花瓣；
步骤7：装入杯中，整理成双荷花型状。

“双荷花”的操作步骤及成品效果如图 4－8 所示。

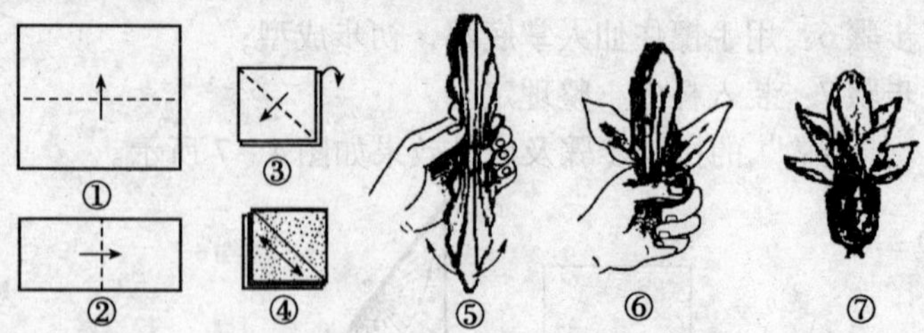

图 4－8　“双荷花”操作步骤图

（九）雨后春笋

步骤 1：将餐巾反面朝上，对折成长方形；

步骤 2：再对折成正方形；

步骤 3：将正方形的第一片巾角向上翻折成三角形；

步骤 4：将第二片巾角向上翻折成三角形；

步骤 5：把余下的巾角依次翻折成三角形，巾角间距 2～3 厘米；

步骤 6：将餐巾分成三等份，向后翻折；

步骤 7：装入杯中，整理成春笋的形状。

“雨后春笋”的操作步骤及成品效果如图 4－9 所示。

（十）水上睡莲

步骤 1：将餐巾正面朝上，菱形放置；

步骤 2：将菱形的左右两巾角向中间对折；

步骤 3：从中间沿着中缝线向两边均匀折裥；

步骤 4：一般折 7 个裥；

步骤 5：将折好的裥向两边弯下去；

步骤 6：将餐巾攥在左手，把四片巾角向上翻折成睡莲的花叶；

步骤 7：装入杯中，整理成型。

“水上睡莲”的操作步骤及成品效果如图 4－10 所示。

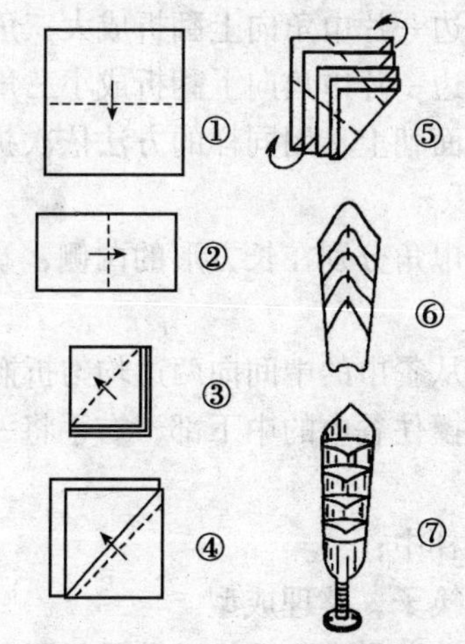

图 4－9　“雨后春笋”操作步骤图

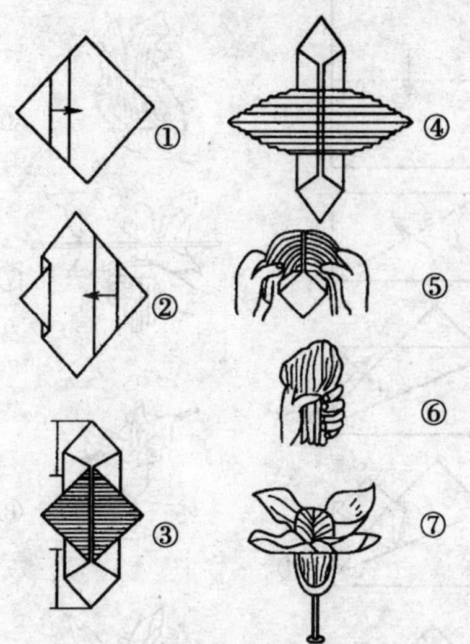

图 4－10　“水上睡莲”操作步骤图

（十一）彩蝶纷飞

步骤 1：反面朝上，将餐巾对折成长方形；

步骤2：将左边一片巾角向上翻折成大三角形；

步骤3：将右边一片巾角向上翻折成小三角形；

步骤4：将底面朝上，用同样的方法依次折叠成大小两个三角形；

步骤5：四片巾角分别在长方形的两侧，翻折的三角形要求两大两小；

步骤6：接着从餐巾的中间向两边均匀折裥；

步骤7：左手攥住餐巾的中下部，右手将一根筷子运用穿的技法穿过折裥；

步骤8：装入杯中；

步骤9：抽去筷子，整理成型。

“彩蝶纷飞”的操作步骤及成品效果如图4－11所示。

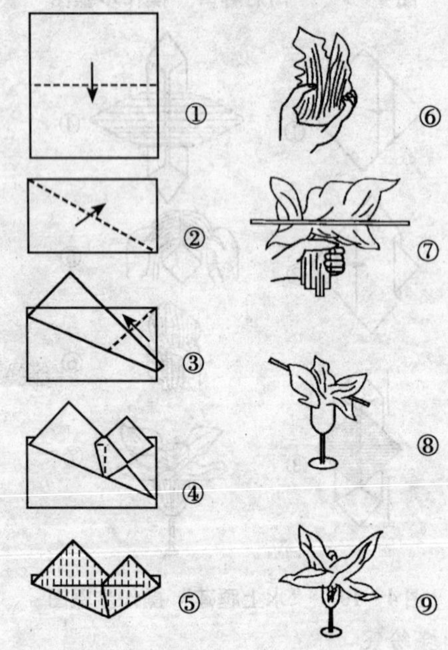

图4－11 “彩蝶纷飞”操作步骤图

（十二）和平鸽

步骤1：将餐巾反面朝上，对折成长方形；

步骤2：将左边一片巾角沿虚线向上对折；

步骤3：将左边一片巾角向上对折成三角形；

步骤4：再对折成正方形；

步骤5：从中间向两边均匀折裥；

步骤6：将和平鸽的尾巴拉出；

步骤7：将三片巾角整理成鸽子的翅膀和头部；

步骤8：装入杯中，整理成型。

“和平鸽”的操作步骤及成品效果如图4－12所示。

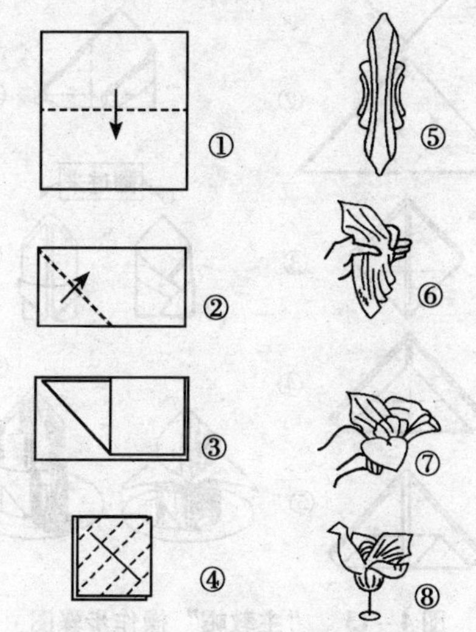

图4－12　“和平鸽”操作步骤图

（十三）主教帽

步骤1：将餐巾反面朝上，菱形放置；

步骤2：对折成三角形；

步骤3：将三角形的两底角向顶角处对折，呈正方形；

步骤4：再将正方形的底角向上折成三角形；

步骤 5：接着把三角形翻下一个小三角；

步骤 6：餐巾底面朝上，将餐巾的两角向里折；

步骤 7：把一角塞到另一角中；

步骤 8：将餐巾正面朝前，把向上的两片巾角拉下来；

步骤 9：整理成型，放入盘中。

“主教帽”的操作步骤及成品效果如图 4－13 所示。

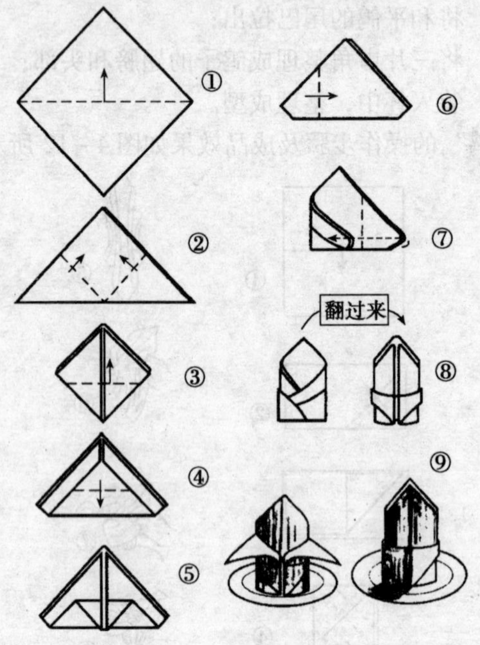

图 4－13　“主教帽”操作步骤图

（十四）三部曲

步骤 1：将餐巾反面朝上，上下两条边向中间折成长方形；

步骤 2：将长方形的两端向中间对折；

步骤 3：如图 4－14 所示，继续对折；

步骤 4：从中间向后翻折；

步骤 5：放入盘中，稍作整理。

“三部曲”的操作步骤及成品效果如图 4－14 所示。

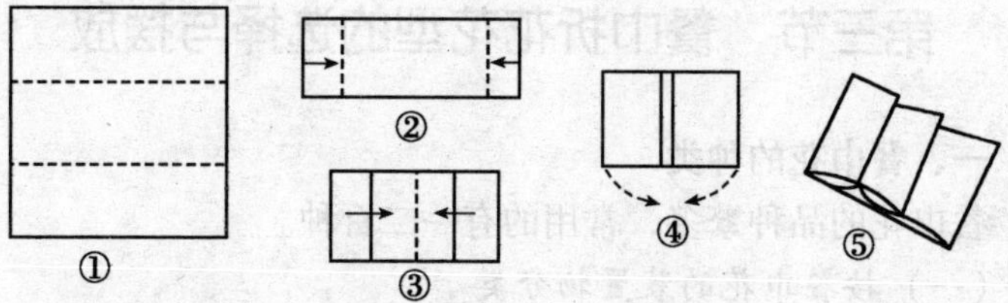

图 4－14　“三部曲”操作步骤图

（十五）领带

步骤 1：将餐巾反面朝上，对折成长方形；

步骤 2：再对折成正方形；

步骤 3～4：将正方形对折成三角形；

步骤 5～6：将三角形两底角向里对折；

步骤 7：折叠成领带头的形状，将完整的一面朝上；

步骤 8～9：稍作整理，竖放、横放都可。

“领带”的操作步骤及成品效果如图 4－15 所示。

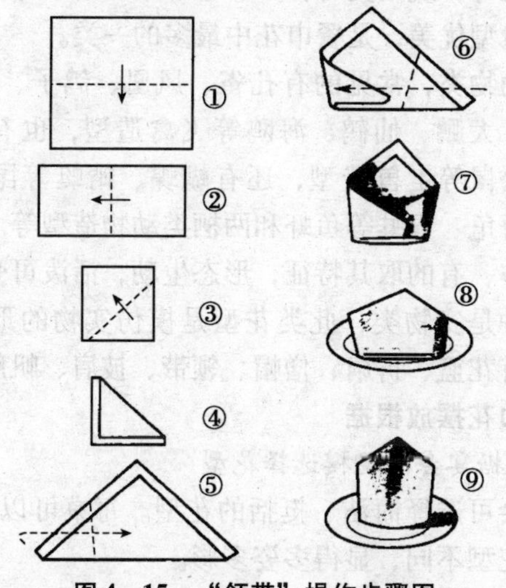

图 4－15　“领带”操作步骤图

第三节　餐巾折花花型的选择与摆放

一、餐巾花的种类

餐巾花的品种繁多，常用的有一二百种。

（一）按餐巾花的装置物分类

按餐巾花的装置物不同可分为杯花和盘花两大类。

一类是杯花，将折好的各种餐巾花插在酒杯或水杯内，造型一般在杯中完成，从杯中取出即散开。另一类是盘花，造型完整，成型后不会自行散开，可放于盘中或其他盛器内，也可直接放在餐桌台布上，常常用于西餐台面的摆设。

（二）按餐巾花的造型分类

按餐巾花的造型，可分为植物类、动物类和实物类三种。

一种是植物类，基本可分为花草类和蔬菜类。花草类有梅花、荷花、迎春花、玉兰花、水仙花、鸡冠花、月季花、茶花、桃花、玫瑰花等；蔬菜类有青笋、卷心菜、玉米等。植物类折花变化甚多，造型优美，是餐巾花中最多的一类。

一种是动物类，常见的有孔雀、凤凰、鸽子、鸳鸯、春燕、画眉、天鹅、大鹏、仙鹤、海鸥等飞禽造型，也有长颈鹿、大象、白兔、松鼠等走兽造型，还有蝴蝶、蜻蜓等昆虫造型及金鱼、对虾、海龟、青蛙等鱼虾和两栖类动物造型等。动物的造型有的塑其整体，有的取其特征，形态生动，活泼可爱。

还有一种是实物类，此类花型是模仿实物的形态折叠而成的，常见的有花篮、折扇、僧帽、领带、披肩、帆船等。

二、餐巾花摆放根据

（一）根据宴会的规模选择花型

大型宴会可选择简洁、挺括的花型。每桌可以选两种花型，使每个台面花型不同，显得多姿多彩。

(二) 根据宴会的主题选择花型

主题宴会因主题不同、形式不同，所选择的花型也不同。要选择与宴会主题相符合的餐巾花型。

(三) 根据季节选择花型

选择富有时令特点的花型以突出季节的特色，也可以选择象征一个美好季节的一套花型。

(四) 根据客人的宗教信仰选择花型

如果客人是信仰佛教的，勿叠动物造型，适宜叠植物、实物造型。信仰伊斯兰教的，勿用猪的造型等。

(五) 根据客人的风俗习惯选择花型

如日本人喜欢樱花、忌用荷花，美国人喜欢山茶花，法国人喜欢百合花，英国人喜欢蔷薇花，委内瑞拉人喜欢兰花，等等。

(六) 根据宾主席位选择花型

宴会主宾、主人席位上的花称为主花。主花一般选用品种名贵、折叠细致、美观醒目的花，达到突出主人、尊敬主宾的目的。

三、餐巾花的摆放要求

(一) 突出主位

主位要选择主花。根据主宾席位选择花型。主花一般要选择品种名贵、折叠精细、美观醒目的花，以达到突出主位、尊敬主宾的目的。一般性质的餐巾花摆在其他客人席上，但要高低均匀，错落有致，达到一种视觉艺术的美。

(二) 注意协调性

除主位外的餐巾花要高矮一致，大小一致。如果选择的花型都比较矮，要注意与主花的高低相差不能太多。除了主花以外，如果还有高低差别较大的花型，则要以主花为主，其余花型中较高的不能超过主花，同时要高矮相间布置，不要将高的花与矮的花挤在一起摆放，使整个台面整体协调一致。

（三）将餐巾花的观赏面朝向客人

摆放餐巾折花，要使客人便于观赏。适合正面观赏的，要将正面朝向客人，适合侧面观赏的，要将最佳观赏面朝向客人。

（四）相似花型错开摆放

在一个台面上，摆放不同类别的花型时，形状相似的花型要错开摆放，比如可以对称摆放。

（五）掌握好杯巾花的深度

餐巾折成花型后，放入杯内的深度要适中，通常是插入杯中1/3 的位置。杯内的部分要整齐规范。

第五章 摆台

摆台主要指餐桌席位的安排和台面的摆放。摆放技术是餐馆服务人员的基本功，是宴会设计的重要内容。在承办酒席宴会时，摆放一桌造型美观的台面，不仅为顾客提供了一个舒适的就餐场所和必需的就餐用具，而且能给顾客以赏心悦目的艺术享受，给酒席宴会增添隆重的喜庆气氛。因此，餐馆服务人员不仅要有较高的摆台技能，还必须要有较好的艺术修养。

第一节 中餐摆台

一、中餐餐台的种类和规格

中餐餐台常见的有圆台和方台两种。

(一) 圆台

圆台的规格大小不同，其直径在 120 ~160 厘米不等。圆台的底台或台架高度一般为 80 厘米左右。由于每次用餐客人的人数不同，因此在选用餐台时，应根据客人的就餐人数选择大小适宜的餐台。通常情况下，4 位客人一般选择直径 120 厘米的餐台，6 位客人选择直径 140 厘米的餐台，8 位客人选择直径 160 厘米的餐台。按制作材质又可分为玻璃圆台、木制圆台。

(二) 方台

餐厅的方台规格有 90 厘米 ×90 厘米、100 厘米 ×100 厘米和 110 厘米 ×110 厘米 3 种。在一般情况下，有 1 ~2 位客人适宜选用 90 厘米 ×90 厘米的方台，3 ~4 位客人适宜选用 100 厘米 ×100 厘米的方台，4 位以上客人适宜选用 110 厘米 ×110 厘米的方台。按制作材质又可分为木制方台和玻璃方台。

二、对摆台的要求

餐具摆放要相对集中，整齐一致，配套齐全，既要方便使用，又要富有艺术性。台面要干净卫生，餐具、布件及装饰品等都要保持整洁。涉外宴会摆台要求符合各国、各民族的礼仪形式，席位安排要根据对方传统习惯来定。

三、中餐台布的铺设方法

（一）铺台布的准备工作

铺台布之前，首先应将所需餐椅按就餐人数并列摆放于餐台的四周。然后，服务员应将双手洗净，并仔细检查准备铺用的每块台布，发现有残破、油渍和皱褶的台布则不能继续使用。最后，应根据餐厅的装饰、布局确定席位。操作时，餐厅服务员应将主人处餐椅拉开至右侧餐椅后边，站立在主人餐椅处，距餐台约40厘米，将选好的台布放于主人处的餐台上。

（二）台布铺设方法

中餐台布铺设的常用方法有3种：

1. 推拉式

即用双手将台布打开后放至餐台上，将台布贴着餐台平行推出去再拉回来。这种铺法多用于零餐餐厅或较小的餐厅，或因有客人就座于餐台周围等候用餐时，或在地方窄小的情况下。

2. 撒网式

即用双手将台布打开，平行打折，站立姿势为右脚在前、左脚在后，双手将打开的台布提拿起来至胸前，双臂与肩平行，上身向左转体，下肢不动并在右臂与身体回转时，台布斜着向前撒出去，将台布抛至前方时，上身转体回位并恢复至正位站立，这时台布应平铺于餐台上。抛撒时，动作应自然潇洒。这种铺台布方法多用于宽大场地或技术比赛场合。

3. 抖铺式

即用双手将台布打开，平行打折后将台布提拿在双手中，身体呈正位站立式，利用双腕的力量，将台布向前一次性抖开并平铺于餐台上。这种铺台布方法适合于较宽敞的餐厅或在周围没有宾客就座的情况下进行。

四、摆台用品用具

（一）10人位中餐宴会标准摆台物品准备单

以10人位宴会摆台需用的餐具、酒具、各种物品的准备，见表5－1。

表5－1　10人位中餐宴会标准摆台物品准备单

序号	品名	规格（厘米）	数量	备注
1	中餐圆台	直径180	1张	
2	台布	220×220	1块	
3	餐巾	50×50	10块	
4	防滑托盘	40×40	2个	
5	骨碟		12个	
6	勺垫		10个	
7	小瓷勺		10把	
8	葡萄酒杯		10个	
9	白酒杯		10个	
10	水杯		10个	
11	筷子架		10个	
12	筷子		12双	
13	公用勺		2把	不锈钢
14	牙签盅		2个	
15	烟灰缸		5个	

注：烟灰缸可视宾客需要提供。

（二）摆台的顺序

服务员摆台时，可以用托盘分为五次摆放，见表5－2。

表 5－2 10 人位中餐宴会标准摆台顺序

摆放顺序	物品名称与数量
第一托	骨碟 10 个、勺垫 10 个、小瓷勺 10 个
第二托	葡萄酒杯 10 个、白酒杯 10 个
第三托	筷架 10 个、筷子 12 双、公用碟 2 个、公用勺 2 个、牙签盅 2 个
第四托	水杯 10 个、摆放已折叠好的餐巾
第五托	烟灰缸 5 个

注：烟灰缸可视宾客需要提供。

（三）餐具、酒具的摆放规则

1. 摆骨碟

从正主人位开始，按顺时针方向依次摆放，正副主人位的骨碟应摆放于台布中线中心的位置，碟距桌边 1 厘米，图案或标志要对正宾客。

2. 摆勺垫、瓷勺

勺垫摆在骨碟的正前方，勺垫边沿距骨碟边沿 1 厘米，瓷勺摆放勺垫的中心位置，勺把朝右。至此，第一托完成。

3. 摆酒具

葡萄酒杯杯柱应对正餐碟中心，杯子底边距勺垫边 1 厘米，白酒杯摆在葡萄酒杯右侧，杯与杯距离 1 厘米，酒具如有花纹要正对宾客。至此，第二托完成。

4. 摆筷架和筷子

筷架应放在骨碟右侧、勺垫与酒杯的中心位置（例如，骨碟的规格大，可往下进行调整）。筷子放在筷架上，筷柄末端距桌边 1 厘米，筷身距离勺把末端 1 厘米。

5. 摆公用碟、公用筷和公用勺

公用碟应放在正、副主人席位的正前方，碟边距葡萄酒杯底托 2 厘米，公用勺放在靠近桌心一侧，公用筷放在靠桌边一侧，勺柄朝左，筷柄朝右，成为对称形，勺与筷子之间距离 1 厘米，

筷子出餐碟部分两侧相等。10 人以下摆两套公用餐具，12 人以上摆 4 套，其中两套摆在台布的十字线两端，应呈“十”字形。如果宾客人数少，餐台小，可在正、副主人餐具前摆放公用筷架及筷子。至此，第三托完成。

6. 摆牙签盅

牙签盅应摆放在公用碟右侧，不超出筷柄末端，前不出公用碟的外切线。

7. 摆放水杯及餐巾

将叠好的餐巾花放在水杯中，摆在葡萄酒杯左侧，三套杯中心应横向成为一条直线，水杯距葡萄酒杯 1 厘米，将餐巾折叠的观赏面朝向宾客。至此，第四托完成。

8. 摆烟灰缸

从正主人席位右侧开始，每隔两个座位摆放一个，烟灰缸前端应与水杯外切线平行。烟道要朝向两侧的宾客。至此，第五托完成。

9. 摆餐椅

从主人席位依次摆放，餐椅前端与下垂的台布平行，餐椅之间的距离要相等。此时餐台效果如图 5 –1 所示。

10. 摆菜单

10 人以下摆放两张菜单，分别摆放正、副主人席位左侧。平放时菜单底部距桌边 1 厘米，立放时菜单开口处分别朝向正、副主人。12 人以上摆四张菜单，呈“十”字形。

11. 摆台号

大型宴会应摆放台号。一般摆放在每张餐台下首。台号朝向宴会厅的入口处，使宾客进入餐厅就能看到并及时入席。摆台完毕，应再检查一下，如不够规范标准，可加以调整。

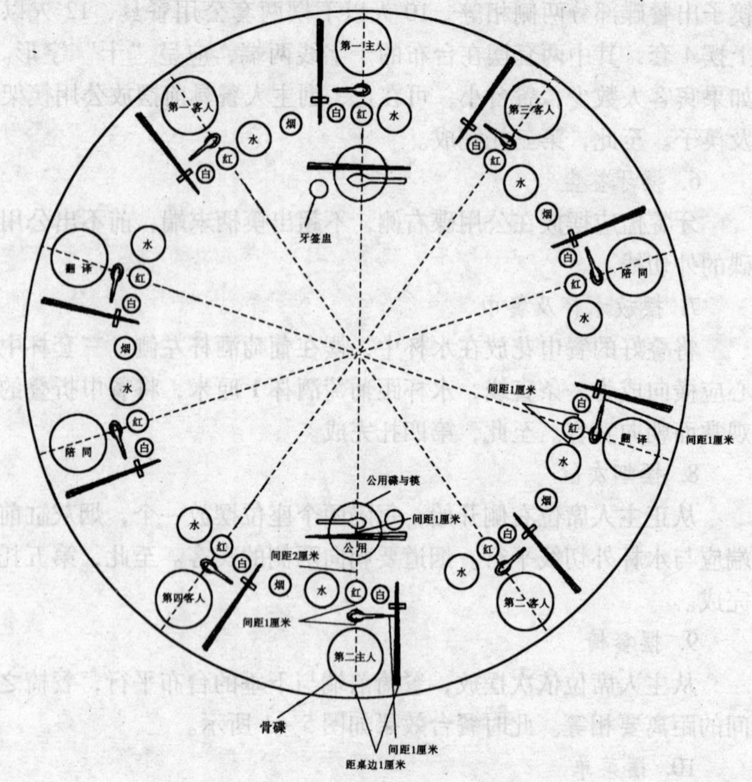

图5－1　10人位中餐宴会标准摆台图示

第二节　西餐摆台

西餐散座餐台通常是方桌或由方桌拼接而成的长方桌。宴会使用的餐桌可由方桌拼接而成，拼接的大小、形状应根据宴会人数、宴会厅的形状和大小、服务的组织、客人的要求来进行。在我国，西餐宴会餐台用圆形台面也较普遍，因圆台的设计排列比较方便灵活。西餐使用大量的金属餐具，其中以餐刀、餐叉和餐匙三类最多。因为菜点种类不同，食用方式各异，所以餐具形状大小也是多种多样。按大小来分，主菜刀叉最大，鱼刀、鱼叉次之，甜品、糕点叉匙就更小些，而咖啡匙、黄油刀、奶油刀、葡萄柚匙则是最小最短的金属餐具。

一、西餐台型

西餐餐厅形式多样，选用西餐餐台时，应根据用餐形式不同、规格不同、人数不同，选用大小、形状不同的餐台。西餐餐台有长方形餐台、正方形餐台、一字形餐台、U字形餐台、马蹄形餐台、T字形餐台、E字形餐台、梳子形餐台等，如1~2位客人一般选用方形餐台，3~8位客人则可根据客人的具体数量选择大小适宜的长方形餐台，9~10位客人一般可选用一字形餐台，11人以上可根据客人的就餐规格、形式要求及具体人数选择适宜的不同形状的餐台。

二、西餐台布的种类与规格

(一) 台布的种类

按台布的质地分，有纯棉台布、化纤台布、塑料台布、绒质台布等，其中纯棉台布吸水性能较好，是大多数餐厅经常使用的。按台布花型图案分，有团花、提花、散花、工艺绣花等，其中提花图案的台布使用较多。按台布的颜色分，有白色、黄色、红色、绿色、粉色等，其中多数餐厅为了整洁卫生，常使用白色台布。按台布的形状分，有正方形台布和长方形台布。

(二) 台布的规格

正方形台布的规格一般为160厘米×160厘米，长方形台布的规格有160厘米×200厘米和180厘米×300厘米两种。

三、西餐台布铺设方法及要求

(一) 铺台布的准备工作

铺台布之前，首先应将所需餐椅按就餐人数摆放于餐台的四周，要求椅子面的前沿与桌子的边沿相切，对准备铺用的每块台布进行仔细的检查，发现有残破、油渍和皱褶的台布则不能继续使用。最后应根据餐厅的装饰、布局确定席位。操作时，餐厅服务员站立于餐台长侧边，将选好的台布放于餐台上。

（二）台布铺设方法

西餐铺台布的方法有两种：

第一种方法：铺台时，餐厅服务员站立于餐台长侧边，将台布横向打开，双手捏住台布一侧边，将台布送至餐台另一侧，然后将台布从餐台另一侧向身体一侧慢慢拉，台布的正面向上，台布折叠线的凸线向上置于餐台的中心位置，四周下垂部分匀称。

第二种方法：餐厅服务员将主人处餐椅拉至右侧，站立在主人席前，距餐台约30厘米，将选好的台布放于餐台上，用双手将台布打开后，贴着餐台平行推出去再拉回来。台布的正面向上，台布折叠线的凸线向上置于餐台的中心位置，四周下垂部分匀称。最后将主人位的餐椅送回原位。

（三）台布铺设要求

单张餐台台布铺设要求（如长方形餐台、正方形餐台）：台布正面朝上，十字中缝居中，台布四边或四角均匀下垂。

组合式长形餐台台布铺设要求（如一字形餐台、U字形餐台、马蹄形餐台、T字形餐台、E字形餐台、梳子形餐台等）：若此台型采用多块台布，则多块台布中间折缝应成一直线，餐桌四周的台布缝边应该对齐，不可长短不一，台布接缝处的压缝一律位于餐厅内侧，即从入口处看不到台布接缝。

四、西餐用具介绍

（一）常见的西餐酒具

展示盘、面包盘、汤勺、主菜刀、主菜叉、鱼刀、鱼叉、开胃刀、开胃叉、甜品叉、甜品勺、水果刀、水果叉、黄油刀、黄油碟、咖啡勺、咖啡垫盘、咖啡杯、龙虾签、龙虾叉、蜗牛叉、蚝叉、水杯、红葡萄酒杯、白葡萄酒杯、饮料杯、香槟杯、啤酒杯、白兰地杯、利口杯等。

（二）常见的西餐用具

常见的西餐用具包括花瓶、烛台、调味用具、菜单、洗手盅、酒篮、冰桶等。

五、西餐宴会摆台

（一）摆台所需物品

西餐的餐具包括冷菜刀、叉，主菜刀、叉，汤勺，点心刀、叉、勺，水果刀、叉，咖啡勺，黄油刀，龙虾签、叉，蜗牛叉，蚝叉，冷菜盘，主菜盘，点心盘，面包盘，咖啡垫盘，咖啡杯，黄油碟，汤碗，展示盘，牛奶罐；酒具包括冰水杯，饮料杯，红葡萄酒杯，白葡萄酒杯，香槟杯，啤酒杯，白兰地杯，利口杯等；用具包括酒篮，冰桶，花台，烟灰缸，调料罐，蜡烛台，牙签盅等。

以 8 人标准西餐宴会摆台为例，一般每餐位需要 4 刀、4 叉、2 勺、3 杯、3 盘（碟）、1 巾花共 17 件；每台需要花台 1 个，蜡烛台 2 个，牙签盅 2 个，盐瓶 2 个，胡椒瓶 2 个，烟灰缸 2 个，火柴盒 2 个共 13 件。西餐摆台所用餐具、酒具及各种用具一般需根据用餐菜单所列菜肴的内容及上菜顺序准备。

（二）餐具、酒具、用具的摆放规则

1. 摆展示盘

摆展示盘可用托盘进行，也可用左手垫好口布进行。从主人位开始，按顺时针方向用右手将餐盘摆放于餐位正前方，盘边距桌边 1.5 厘米，餐盘间的距离要相等。

2. 摆面包盘、黄油碟

在展示盘左侧 10 厘米处摆放面包盘，面包盘与展示盘中心轴取齐。黄油碟摆放在面包盘右前方，距面包盘 1.5 厘米，图案摆正。

3. 摆餐刀、叉、勺

从展示盘的右侧顺序摆放。摆放时，应手拿刀、叉、勺柄处，从主刀开始摆放。

（1）主餐刀摆放于展示盘的右侧，与餐台边呈垂直状，刀柄距桌边1厘米，刀刃向左，与展示盘相距1厘米。

（2）鱼刀、汤勺、头盘刀摆放在主刀的右侧，间距0.5厘米，手柄距桌边1厘米，刀刃向左，勺面向上。

（3）主餐叉、鱼叉、头盘叉摆放在展示盘的左侧。主餐叉与展示盘相距1厘米，叉柄距桌边1厘米。鱼叉柄距桌边5厘米，叉头向上突出。头盘叉叉面向上，叉柄与主餐叉柄平行。

（4）甜食叉放在展示盘的正前方，叉尖向右与展示盘相距1厘米。甜食勺放在甜食叉的正前方，与叉平行，勺头向左，与甜食叉的叉柄相距0.5厘米。

（5）黄油刀放在面包盘上，刀刃向左，黄油刀中心与面包盘的中心线吻合。

4. 摆酒具

摆酒具时，要拿酒具的杯托或杯底部。

（1）水杯摆在主餐刀的上方，杯底中心在主餐刀的中心线上，杯底距主餐刀尖2厘米。

（2）红葡萄酒杯摆放在水杯的右下方，杯底中心与水杯杯底中心的连线与餐台边呈45度，杯壁间距0.5厘米。

（3）白葡萄酒杯摆放在红葡萄酒杯的右下方，其他标准同红葡萄酒杯的摆放方法。

5. 摆餐巾花

餐巾花摆放在展示盘内，花型要搭配适当，将观赏面朝向顾客。

6. 摆花台、蜡烛台、胡椒瓶、盐瓶

一般情况下，花台摆在餐台正中位置，花台两侧各摆一个蜡烛台，蜡烛台摆放在台布的中线上。胡椒瓶、盐瓶要在台布中线上对称摆放，瓶壁相距0.5厘米。

7. 摆牙签盅、烟灰缸、火柴

牙签盅摆在台布的中线上，左右各摆一个。烟灰缸摆放在正、副主人的正前方，距胡椒瓶、盐瓶2厘米。火柴盒架在烟灰缸上端，画面向上。

8人标准西餐宴会摆台如图5－2所示。

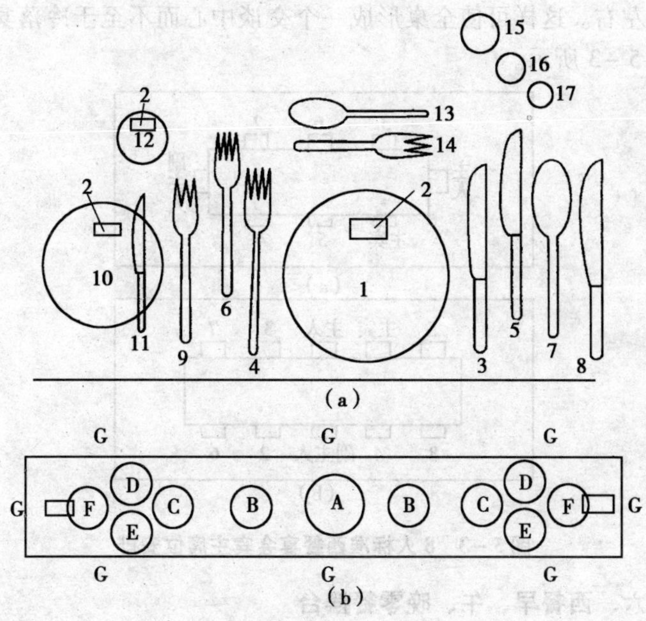

(a) 每个餐位摆台示意；(b) 整台示意

1. 展示盘；2. 餐巾花；3. 主餐刀；4. 主餐叉；5. 鱼刀；6. 鱼叉；
7. 汤勺；8. 头盘刀；9. 头盘叉；10. 面包盘；11. 黄油刀；12. 黄油碟；
13. 甜食勺；14. 甜食叉；15. 水杯；16. 红葡萄酒杯；17. 白葡萄酒杯；
A. 花台；B. 蜡烛台；C. 牙签盅；D. 盐瓶；E. 胡椒瓶；
F. 烟缸、火柴；G. 座位

图5－2　8人标准西餐宴会摆台

(三) 西餐宴会摆台的宾主位次

以8人标准的西餐宴会摆台为例说明：一般家庭式西餐宴会习惯是长台的一端为主人席位，另一端为女主人或副主人席位。主人的右侧为主宾，左侧为第三宾客，副主人右侧为第二宾客，左侧为第四宾客，其余交错类推。这种席位排法的优点是气氛随和，有两个谈话中心。另一种是在较为正式的宴会，主人和副主人席位相对安排在长台一侧中央位置，将宾客按顺序交叉安排在长台左右。这样可使全桌形成一个交谈中心而不至于冷落宾客，如图 5－3 所示。

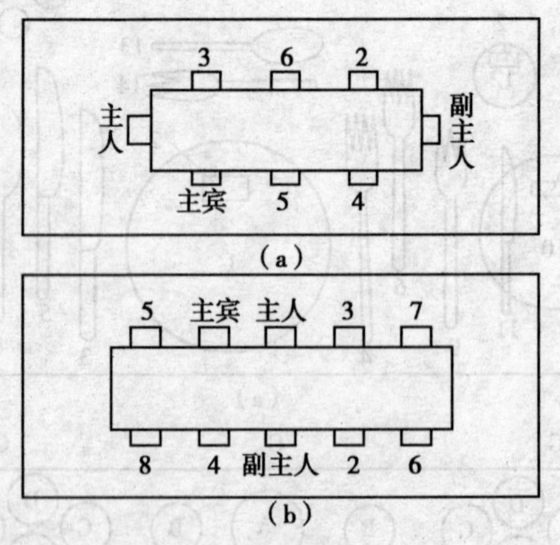

图 5－3　8 人标准西餐宴会宾主席位安排

六、西餐早、午、晚零餐摆台

（一）早餐摆台

西餐早餐一般多在咖啡厅进行。铺好台布后，即可摆放餐具。

1. 面包盘位于餐位正中，离桌边 1.5 厘米。

2. 面包盘上摆黄油刀，面包盘的左侧摆餐叉，餐叉与盘的距离为 1 厘米，叉柄尾端与桌边相距 1 厘米。

3. 席位的右侧摆餐刀，刀刃朝向餐盘。餐刀前方摆水杯，餐刀的侧面摆咖啡碟，咖啡碟上摆咖啡杯和咖啡勺。

4. 盐瓶、胡椒瓶、奶缸、糖缸等摆在餐台靠中心的位置。

（二）午、晚餐摆台

1. 摆展示盘。展示盘摆在餐位的正前方，距离桌边 1 厘米。

2. 摆餐刀、餐叉。餐刀摆在展示盘右侧，餐叉摆在展示盘左侧，餐刀与餐叉距展示盘各 1 厘米，刀柄端与叉柄端距离餐桌边 1 厘米，餐刀刀刃向左。

3. 摆面包盘、黄油刀。面包盘摆在餐叉的左侧，面包盘的中心线与展示盘的中心线成一条直线，距餐叉 1 厘米；将黄油刀放在面包盘的右侧，刀刃向左。

4. 摆水杯。水杯放在餐刀的正前方，距餐刀 2 厘米。

5. 摆餐巾花。将折好的餐巾花摆放在展示盘内。

第六章　酒水服务

酒水服务是一项比较细致的工作，尤其是宴会用酒品种较多，饮用要求的温度、承载的杯具和服务也不尽相同。因此，服务员必须了解酒水服务的相关知识，掌握斟酒的基本技能，才能向宾客提供优质的服务。

第一节　酒类的基本知识

一、酒品概述

酒是世界四大饮料之一，具有多种功效，为古今中外人们所喜爱。酒的主要功能有：

1. 由于酒中含有各种醇类物质，对人的精神有刺激作用，所以适量饮用可以起到兴奋神经、舒筋活血、祛寒发热、消除疲劳的作用。

2. 酒中含有糖分、蛋白质、盐类和丰富的维生素等物质，对人体有很好的滋补作用，是一种营养价值很高的饮料。

3. 酒在酒席及宴会中具有重要地位。日常餐饮中，一壶一杯酒常增添无穷风味。

4. 白酒、黄酒是烹调中的上好作料，不仅可以辟腥去腻，而且还可以增加菜肴的美味。

5. 酒在人们的社会交往中也扮演着重要角色，如借酒而言，借酒而观其性，边饮边谈等。

酒虽有很多好处，但是物极必反，若饮用过度也会伤身、乱性。因此好酒还需善饮适饮。

二、酒的分类

无论哪种酒，都不同程度地带有一种特殊的香气和辣味，即酒精的气味。酒精学名为乙醇（Ethyl Alcohol），化学式 C_2H_3OH，是酒中最主要的成分。乙醇在酒中的含量通常用酒度来表示。国际上酒度表示法有三种：标准酒度、英制酒度、美制酒度。在中国采用的是标准酒度，即在 20 摄氏度时，每 100 毫升的酒液中含纯酒精 1 毫升（即 1%）为 1 度。例如，60 度的泸州老窖特曲，即每 100 毫升酒液中含有 60 毫升纯酒精。

（一）中国酒的分类

在我国悠久的酒历史发展中，制酒业也不断发展，形成了多种酿制方法，故而产生了种类繁多的酒品。

1. 不同的酿制方法

酒按其酿制的方法大致可分为三大类：蒸馏酒、酿造酒、配制酒。

（1）蒸馏酒。指酿酒的原料经过发酵后用蒸馏法制成的酒，这种酒就叫蒸馏酒。用这种工艺制成的酒，其乙醇含量都比较高。

（2）酿造酒。指酿酒的原料经过发酵后直接提取或用压榨法取得的酒。这种酒又被称为原汁发酵酒。用这种工艺制成的酒，其乙醇含量比较低，但有不同程度的含糖量。

（3）配制酒。指用一种白酒或果酒做主要原料（通常将这种主要原料称为基酒），再将其他不同的原料与基酒进行勾兑，使之成为种类不同的新品种。用这种方法制成的酒叫做配制酒。

2. 不同的酿酒原料

由于酿酒所用原料不同，因而酿制的酒也各不相同。按酒的特点，大体可分为白酒、黄酒、啤酒、果酒、汽酒、配制酒等六大类。

（1）白酒。白酒是以含有丰富淀粉的植物为原料，经发酵、蒸馏而成的，乙醇含量较高，在 35 ~ 65 度。

(2) 黄酒。黄酒主要用糯米及黍米(谷)为原料，采用压榨法加工酿造，并以微生物菌类作为发酵菌。这类酒中的乙醇含量在12~18度。

(3) 啤酒。啤酒是用麦芽经糖化后加入酒花，再用酵母菌发酵酿成的，乙醇含量3~4.5度不等。不同质量的啤酒，还标出麦芽糖的不同含量，一般在12~25度。

(4) 果酒。果酒是选用各种含糖量较高的水果为主要原料，以压榨、发酵酿制而成的，乙醇含量大多在15度左右。

(5) 汽酒。汽酒也是用水果(以葡萄为主要原料)发酵酿制而成的。这种酒在装瓶时注入一定量的二氧化碳，使酒内充有气体，这种酒内的乙醇含量在11度左右。

(6) 配制酒。配制酒是指用一种酒做基酒，兑入其他果酒，便配制成露酒；或加进从动植物内提炼出的具有医用价值的成分，便配制成各种药酒。由于这种酒的配制内容不同，因此其乙醇含量也各不相同。

3. 不同的酒色、酒味、酒香

由于酿酒的方法不同，以及选料、用料不同，因此，酿制出的酒的色泽、酒味及酒香也各不相同。

(1) 酒色。用不同的酿造方法酿出的酒的色泽不同，有白色、红色、黄色、紫色、黑色、金色等。

(2) 酒味。用不同的酿酒原料及不同的酿造工艺酿制的酒的味道各不相同，有醇厚，有柔和，有甜、绵、爽、净及醇和等。

(3) 酒香。由于酿造过程中发酵方法的不同，酿制的酒的香型也不同，有浓香型、清香型、酱香型、果香型、复香型等。

(二) 名酒简介

1. 茅台酒

茅台酒产于贵州省仁怀县茅台镇，是以高粱为主要原料的酱香型白酒，酒度为53度。

2. 汾酒

汾酒产于山西省汾阳市杏花村，是以高粱为主要原料的清香型白酒，酒度为38~53度。

3. 五粮液

五粮液产于四川省宜宾市，是以高粱、糯米、大米、玉米和小麦为原料的浓香型白酒，酒度为60度。

4. 剑南春

剑南春产于四川省绵竹市，是以高粱、大米、糯米、玉米、小麦为原料的浓香型白酒，酒度有60度和52度两种。

5. 古井贡酒

古井贡酒产于安徽省亳县，是以高粱为主要原料的浓香型白酒，酒度为60度。

6. 洋河大曲

洋河大曲产于江苏省泗洋县洋河镇，是以高粱为主要原料的浓香型白酒，酒度有60度、55度、38度等多种。

7. 董酒

董酒产于贵州省遵义市，是以高粱为主要原料的兼香型白酒，酒度为58度。

8. 泸州老窖特曲

泸州老窖特曲产于四川省泸州市，是以高粱为的浓香型白酒，酒度为60度。

（三）外国酒的分类

1. 蒸馏酒

蒸馏酒是原料经发酵后用蒸馏法制成的酒，酒精含量较高，又称为烈酒。蒸馏酒根据原料的不同，有谷物蒸馏酒、果类蒸馏酒和杂果蒸馏酒之分。常见的烈酒有：白兰地（Brandy）、威士忌（Whiskey）、金酒（Gin）、伏特加（Vodka）、朗姆酒（Rum）、特基拉酒（Tequila）六种，也被誉为世界六大著名蒸馏酒。

（1）白兰地。白兰地是果类蒸馏酒的典型代表，通常所称的白兰地是以葡萄为原料，经发酵、蒸馏和放在木桶内经过相当长时间陈酿工艺制成的。而用其他水果为原料，通过同样的方法所制成的酒常在白兰地的前面加上水果原料的名称，以利于区别，如以苹果为原料称为苹果白兰地，以樱桃为原料则称为樱桃白兰地等。白兰地酒度一般在40~43度，虽然属于烈性酒，但由于经过长时间的陈酿，口感柔和，香味醇正，饮用后给人以高雅、舒畅的享受。白兰地酒色呈琥珀色，极富吸引力。

白兰地的意思是“生命之水”，常被人们称为“葡萄酒的灵魂”。世界上虽然有许多国家生产白兰地，但最为著名、品质最好的还是法国所产。其中又以科涅克（Cognac）地区所产最为著名。有人把在科涅克地区所产的白兰地称为“白兰地酒之王”。其特点是芳香弥漫、酒体优雅、口味考究、风格豪壮。第二著名的是亚曼涅克（Armagnac）地区所产白兰地。除了法国白兰地以外，其他盛产葡萄酒的国家，如西班牙、意大利、葡萄牙、美国、秘鲁、德国、南非、希腊等国家，也生产一定数量和风格各异的白兰地。

白兰地酒的代表有马爹利、轩尼诗、人头马等。

在白兰地的酒标上经常能看到关于酒龄的标注，不同的白兰地生产国其酒龄标注也各不相同。如美国，通常在标签上直接标出“×年的酒龄”，“×”的位置上将按产品所使用最新酒的酒龄填写，并且只有在橡木桶中储存不少于两年的葡萄蒸馏酒才有资格填写酒龄。而在法国，对酒龄的规定通常是以★★★（三星）代表酒龄在四年半以下的白兰地、V. O（中档白兰地）、V. O. S. P（较高档白兰地）、F. O. V（高档白兰地）酒龄一般不得低于四年半；EXTRA、NAPOLEAN（拿破仑）酒龄不低于五年半；X. O Club、特醇X. O等酒龄要求在六年以上。

（2）威士忌。威士忌通常是以大麦、黑麦、燕麦、小麦、玉米等谷物为原料，麦芽作糖化剂，经糖化、发酵、蒸馏后放入橡木桶中陈酿、勾兑而成的一种酒精饮料。威士忌酒液呈琥珀色，口味醇厚微辣，酒精浓度一般在45度左右。

威士忌起源于爱尔兰，是世界名酒，其中最负盛名的威士忌当属苏格兰威士忌。威士忌既可以净饮，也可以放入冰块，或者加入苏打水或矿泉水进行长饮。威士忌也是调制鸡尾酒的常见基酒之一。

威士忌酒的分类方法很多，可以按照威士忌酒所使用的原料不同，将其分为纯麦威士忌酒、谷物威士忌酒以及黑麦威士忌酒等；按照威士忌酒在橡木桶中的储存时间，可分为数年到数十年等不同年限的品种；根据酒精度，分为40~60度等不同酒精度的威士忌酒。但目前国际上最习惯的分类方法是按照其产地分为四类，即苏格兰威士忌酒、爱尔兰威士忌酒、美国威士忌酒和加拿大威士忌酒四大类。

苏格兰威士忌酒：最为有名，具有独特的风格，其色泽棕黄中带红，清澈透明，气味焦香，带有一定的烟熏味，口感甘冽、醇厚、劲足、圆正、绵柔，是世界上最好的威士忌酒之一。

爱尔兰威士忌酒：爱尔兰威士忌酒最被人们所熟悉的是与咖啡共同进行调配。其风格特点虽与苏格兰威士忌酒比较相似，但香味独特，且没有烟熏味，成熟度较高，口感绵柔长润。

美国威士忌酒：美国是世界上最大的威士忌生产国，同时也是世界上最大的威士忌消费国。美国所产的威士忌虽然历史不够悠久，但能紧跟市场需求，品种新颖，因此十分受欢迎。以优质的水、温和的酒质和带有焦黑橡木桶的香味而著称。美国威士忌酒的主要产地有西部的宾夕法尼亚州、肯塔基和田纳西地区，特别是波本地区所产的威士忌更是享誉世界，因此也被称为波本威士忌酒（又称波旁威士忌酒）。

加拿大威士忌酒：加拿大威士忌口味细腻，酒体淡雅，特别适宜用作混合酒的基酒使用。

（3）金酒。金酒原产荷兰，1660年由荷兰著名的医学教授西尔维斯医生（Doctor Sylvies）发明。最初制造这种酒是为了帮助商人、海员和移民用来预防热带疟疾病，作为利尿、清热的药剂使用，不久人们发现这种药剂香气和谐、口味协调，于是作为正式的酒精饮料饮用。

金酒是用大麦、玉米等谷物经蒸馏后，加入杜松子及其他香料，通过串香的方式制成的一种烈性酒，因此又称为杜松子酒。金酒一般不用陈酿，但也有一些生产厂家将原酒放入橡木桶中进行陈酿，使酒液略带金黄色泽。金酒的酒精度一般在 35 ~ 55 度，酒度越高，其质量就越好。比较著名的有荷兰金酒、英国金酒。

荷兰金酒色泽透明清亮，香味突出，辣中带甜，风格独特。酒度为 52 度左右。因香味过重，荷兰金酒一般只适合纯饮。

英国金酒又被称为干金酒。酒液无色透明，气味奇异清香，口感醇美爽适，既可单饮，也可和其他酒混合调配，深受世人的喜爱。

（4）伏特加。伏特加通常以马铃薯或谷物等为原材料，经过重复蒸馏、精炼过滤、除去杂质而成的高酒精度的烈性酒。其酒质晶莹澄澈，无色且清淡爽口，使人感到不甜、不苦、不涩，只有烈焰般的刺激，形成伏特加酒独具一格的特色。伏特加起源于俄罗斯和波兰，是在北欧寒冷国家十分流行的一种酒精饮料，也是俄罗斯的代表酒。

（5）朗姆酒。朗姆酒是以甘蔗糖蜜为原料生产的一种蒸馏酒，也称为兰姆酒。属于果杂类蒸馏酒。果杂类蒸馏酒主要是用植物的根茎、花叶等作为原料酿造而成的蒸馏酒。

朗姆酒色泽微黄，香气淡雅、口味甘醇，是世界上消费量最大的酒品之一。通常根据不同的原料和酿制的方法，可将朗姆酒分为朗姆白酒、淡朗姆酒、强香朗姆酒、老朗姆酒、传统朗姆酒等。

（6）特基拉酒。特基拉是墨西哥的一个小镇，因产酒而闻名。特基拉酒也是墨西哥的国酒，又被称为龙舌兰酒，是采用龙舌兰作为原料，将新鲜的龙舌兰割下后，浸泡24小时，榨汁后，用汁水加糖经发酵，通过两次蒸馏，使酒精度达到52～53度，然后放入橡木桶中进行陈酿储存。其香气突出，口味凶烈。由于储存的工具不同，其酒液的颜色也不尽相同。一般呈现两种颜色，无色透明和橡木色。墨西哥人对特基拉酒情有独钟，饮用时，常先在手背上倒些海盐吸食，然后用腌渍过的辣椒干、柠檬干佐酒，饮用时如同火上加油，十分刺激。

2. 葡萄酒

葡萄酒是用新鲜的葡萄或葡萄汁经发酵酿成的原汁酒，酒精度一般在9.5～13度。葡萄酒色泽鲜艳、气味馨香、口感醇和、营养丰富，还具有保健作用，越来越为人们所喜爱。葡萄酒的生产国很多，较为著名的有法国、意大利、德国、瑞士、西班牙等国。葡萄酒的分类方式繁多，通常有以下几种分类方法：

(1) 按酒的颜色分类，可分为红葡萄酒、白葡萄酒和玫瑰红葡萄酒。

红葡萄酒（Red Wine）。红葡萄酒通常是用紫色葡萄连皮一起压榨取汁后，经过发酵酿制而成。红葡萄酒一般呈深红色或鲜红色，口感醇厚。法国波尔多地区所产的红葡萄酒质量上乘，被称为“葡萄酒之女王”。

白葡萄酒（White Wine）。白葡萄酒是将葡萄去皮去籽后酿造而成的。白葡萄酒一般酒色较淡，呈淡黄色或金黄色，口感微酸、爽口，怡爽清香。法国勃艮第地区所产的白葡萄酒品质优异，被誉为“葡萄酒之王”。

玫瑰红葡萄酒（RoseWine）。玫瑰红葡萄酒又称为粉红葡萄酒，是将紫皮葡萄连皮进行发酵，在达到一定颜色后去皮酿制而成的。色泽一般呈淡红色或粉红色。

(2) 按酒的含糖量分类，可分为干型葡萄酒、半干型葡萄酒、半甜型葡萄酒和甜型葡萄酒。

干型葡萄酒。一般酒中含糖量在0.5%以下，口感酸而不甜。干型葡萄酒也称干酒，是指原料中的糖分完全转化为酒精，品尝时基本无法感觉到甜味，只有酸味和清怡爽口的感觉。干型葡萄酒由于糖分极少，葡萄的品种风味体现最为充分，对干型葡萄酒进行品评也是鉴定葡萄酿造品种优劣的主要依据。同时，干型葡萄酒由于糖分低，不会引起酵母的再发酵，也不易引起细菌生长。

半干型葡萄酒。含糖量一般在0.5%~1.2%，口感有微弱的甜味，在欧洲和美洲消费较多。

半甜型葡萄酒。含糖量一般在1.2%~5%，口感较甜，是日本和美国消费较多的品种。

甜型葡萄酒。含糖量通常在5%以上，口感很甜。质量高的甜型葡萄酒是用含糖量高的葡萄为原料，在发酵尚未完成时即停止发酵，使糖分保留在较高的水平。中国及亚洲一些国家甜酒消费较多。

(3) 按含气状态分类，可分为静态葡萄酒和起泡葡萄酒。

静态葡萄酒（Still Wine），指不含二氧化碳气体的葡萄酒。

起泡葡萄酒（Sparkling Wine），指含二氧化碳气体的葡萄酒。起泡葡萄酒主要是将葡萄酒在酿造过程中自然生成的二氧化碳气体保留在酒中，这一类型的葡萄酒以法国香槟酒为代表。通常只有在法国香槟省出品的起泡葡萄酒才能称为香槟酒，被誉为“酒中皇后”。香槟酒的酒液呈黄绿色，也有的呈淡黄色，酒精度通常在11度左右，清香醇正，酒气充足。由于香槟酒的英文名称“Champagne”与快乐、欢笑和高兴同义，因此，香槟酒也成为庆祝佳节时普遍饮用的酒。

(4) 按饮用方式分类，可分为开胃葡萄酒、佐餐葡萄酒和餐后葡萄酒。

开胃葡萄酒。通常在餐前饮用，主要是一些加香葡萄酒。

佐餐葡萄酒。同正餐一起饮用的葡萄酒，主要是一些干型葡萄酒，如干红葡萄酒、干白葡萄酒等。

餐后葡萄酒。一般在餐后饮用，主要是一些加强的浓甜葡萄酒。

3. 啤酒

啤酒是营养非常丰富的低酒精度的酒品，常被人们称为“液体面包”。啤酒是用大麦芽、酒花、水为主要原料，经酵母发酵作用酿制而成的饱含二氧化碳的低酒精度酒。它营养丰富，含有多种维生素、蛋白质、氨基酸及矿物质，十分容易被人体吸收，且能消暑降温，深受人们的喜爱。啤酒的生产方法有上发酵和下发酵两种。

啤酒通常可按以下标准分类：

(1) 按酒液中麦芽汁的浓度分类，可分为低浓度啤酒、中浓度啤酒、高浓度啤酒三大类。低浓度啤酒中麦芽汁浓度一般为7~8度，酒精含量在2%左右。高浓度啤酒中麦芽汁浓度一般要达14~20度，酒精含量为4.9%~5.6%。但目前在我国最受消费者欢迎的是中浓度啤酒，通常其原麦芽汁浓度为11~12度，酒精含量为3.1%~3.8%。

(2) 按颜色分类，可分为淡色和浓色（黑）啤酒等。

(3) 按包装分类，分为瓶装和桶装两种。

(4) 按灭菌方法分类，分为熟啤和生啤两种。

4. 混配酒

混配酒即混合配制酒，包括配制酒和混合酒两大体系。配制酒以原汁酒或蒸馏酒作基酒，与酒精或非酒精物质（如固体、液体、气体）运用勾兑、浸泡等多种手段调制而成。配制酒的诞生比其他单一的酒品要晚，但由于它更接近消费者的口味和爱好，因而发展较快。而混合酒则是一种由多种饮料混合而成的新型饮料，其主要代表是鸡尾酒。

配制酒的品种繁多，风格各异，尤以法国、意大利、荷兰等国生产的配制酒最为有名。目前世界上较为常见的配制酒分为三大类，即开胃酒、甜食酒、利口酒。而混合酒一般就只有鸡尾酒一类。

(1) 开胃酒(Aperitif)。开胃酒一般在餐前饮用，以开胃为主要目的。现在一般专指一些以葡萄酒和某些蒸馏酒基生产的具有开胃功能的配制酒品。主要可分为味美思(Vermouth)、茴香酒(Anises)和比特酒(Bitter)。

味美思一般以白葡萄酒作基酒，加入金鸡纳霜、龙胆肉桂、小茴香、麝香草等几十种香料、草药浸泡而成，具有强烈的草本植物味道。著名的产地是意大利和法国，代表名品有马提尼(Martini)、仙山露(Cinzano)、香百丽(Chambery)等。

茴香酒是用茴香油与食用酒精或蒸馏酒配制而成的。茴香油一般是从八角茴香和青茴香中提炼而成。茴香酒光泽较好，口味香浓刺激，馥郁迷人。一般分染色和无色两种，酒度约为25度。茴香酒以法国生产的较为有名，代表品种有培诺(Pernod)、巴斯的斯(Pasties)等。

比特酒也称为苦味酒，是以葡萄或食用酒精作为基酒，加入一些带苦味的植物根茎和药材提取的香精后配制而成，有明显的苦味和药味。除具开胃功能外，还有滋补作用。酒精含量在18~45度。其特点是苦味突出、悠香浓郁、有助于消化，并能起到兴奋作用。较为有名的品种有金巴利(Campari)和杜邦内(Dubonet)等。

(2) 甜食酒(Dessert Wines)。甜食酒又称为餐后甜酒，一般作为佐食甜品时饮用的酒品，主要特点是口味较甜。主要以葡萄酒作为酒基进行配制。甜食酒品种较多，常见的甜食酒有波特酒(Port)、雪利酒(Sherry)、玛德拉(Madeira)等。

波特酒是葡萄牙产的强化葡萄酒，被誉为葡萄牙的国宝，是用葡萄原汁酒和白兰地兑和而成。主要有红、白波特酒两种，也有将波特酒分为瓶装陈酿波特酒(Vintage Port)和桶装陈酿波特酒(Wood Port)的。波特酒酒味浓郁芬芳，在世界上享有很高的声誉。以陈化时间长为佳，通常在商标纸上标有陈化年份。

较有名的牌子有道斯（Dow's）、泰勒（Taylor）等。

雪利酒主要产于西班牙的加的斯（Jerez）地区，是用葡萄酒兑和白兰地制成。根据制造方法分为淡色的菲奴（Fino）和浓色的欧罗索（Oloroso）两种，前者色浅，不甜但味道芬芳。后者色深，味道较甜。雪利酒的陈化有一种独特的“索乐拉方式”（Solera System），即在陈化过程中，将酒桶叠成数层，每年的销售是从最下面那两层的酒中每桶取出1/3销售，然后从最下面第二层的酒中注满最底层的桶，第三层的又注满第二层的桶，依此类推。新鲜的酒液补充到最上一层的酒桶中，保证了酒质的稳定。雪利酒味道清新、醇美甘甜。

玛德拉产于大西洋中的玛德拉岛上，是在发酵后的葡萄汁上添加烈酒，然后放在50摄氏度的高温室中储存数月勾兑而成。玛德拉酒酒色金黄，酒味香浓、醇厚、甘润，是优质的甜食酒，也是很好的开胃酒。酒精含量在16～18度。

（3）利口酒（Liqueurs）。利口酒是一种以食用酒精和其他蒸馏酒为基酒，加入果汁和糖浆再浸泡各种水果或香料植物，经过蒸馏、浸泡、熬煮等过程而制成。一般至少含有2.5%的甜浆。甜浆可以是糖或蜂蜜，大部分的利口酒含甜浆量都超过2.5%。利口酒所采用的加味材料千奇百怪，最常见的有三大类，即植物、动物、矿物质。利口酒气味芬芳，口味甘美，适合餐后单独饮用，具有开胃、醒脑等保健作用。利口酒比重较大，也特别适合用来调配各种色彩层次的鸡尾酒。

利口酒因其生产方法不同、加香材料各异，酒品种类也很多，综合其加香材料，可以分为两大类，即果料利口酒和草料利口酒。

（4）鸡尾酒（Cocktail）。鸡尾酒是一种混合酒，以一种或几种烈性酒作基酒，加入其他配料如汽水、果汁等，按照一定的方法调制而成的混合饮料。它是一种色、香、味、形俱全的艺术酒品。其特点是色彩斑斓、酒精含量较低、口味特别、兴奋作用较强。

三、外国酒的特点

(一) 配餐饮用

如餐前饮开胃酒，进餐中饮葡萄酒，餐后饮用甜酒，又如食用肉类时配葡萄酒，食用海鲜时配饮清淡的酒。

(二) 长年陈酿

如威士忌一般储存 8 年以上，白兰地酒储存时间越长，质量越好，酒越昂贵。

(三) 保管与储藏方法特殊

如葡萄酒由于装瓶使用软木塞和外包铅封，储藏时要使酒标向上平放，让软木塞下部浸入酒液中，起到隔绝空气及防腐作用。

第二节 非酒精饮料的特点与种类

一、茶叶

“茶”字的起源，最早见于我国的《神农本草》一书，它是世界上第一部药物书。据有关专家考证，该书为战国时代(公元前 5 年至公元前 221 年）的著作。我国茶圣——唐代陆羽于公元 758 年左右写成了世界上最早的茶叶专著《茶经》，系统而全面地论述了栽茶、制茶、饮茶、评茶的方法和经验。根据陆羽《茶经》推论，我国发现茶树和利用茶叶迄今已有 4 700多年的历史。

中国茶叶则可分为基本茶类和再加工茶类两大部分。

(一) 基本茶类

1. 绿茶

我国产量最多的一类茶叶，其花色品种之多居世界首位。绿茶具有香高、味醇、形美、耐冲泡等特点。其制作工艺都经过杀青—揉捻—干燥的过程。由于加工时干燥的方法不同，绿茶又可分为炒青绿茶（龙井)、烘青绿茶（黄山毛峰)、蒸青绿茶（恩施玉露）和晒清绿茶（滇绿）。

2. 红茶

红茶与绿茶的区别在于加工方法不同。红茶加工时不经杀青，而经萎凋，使鲜叶失去一部分水分，再揉捻（揉搓成条或切成颗粒），然后发酵，使所含的茶多酚氧化，变成红色的化合物。这种化合物一部分溶于水，一部分不溶于水，而积累在叶片中，从而形成红汤、红叶。红茶主要有小种红茶（正山小种）、功夫红茶（祁红）和红碎茶（立顿红茶）三大类。

3. 青茶（乌龙茶）

属半发酵茶，即制作时适当发酵，使叶片稍有红变，是介于绿茶与红茶之间的一种茶类。它既有绿茶的鲜爽，又有红茶的浓醇。因其叶片中间为绿色，叶缘呈红色，故有“绿叶红镶边”之称。

4. 白茶

是我国的特产。它加工时不炒不揉，只将细嫩、叶背满茸毛的茶叶晒干或用文火烘干，而使白色茸毛完整地保留下来。白茶主要产于福建的福鼎、政和、松溪和建阳等县，有“银针”“白牡丹”“贡眉”“寿眉”几种。

5. 黄茶

在制茶过程中，经过闷堆渥黄因而形成黄叶、黄汤。分“黄芽茶”（包括湖南洞庭湖君山银芽、四川雅安及名山县的蒙顶黄芽、安徽霍山的霍内芽）“黄小茶”（包括湖南岳阳的北港茶、湖南宁乡的沩山毛尖、浙江平阳的平阳黄汤、湖北远安的鹿苑）、“黄大茶”（包括广东的大叶青、安徽的霍山黄大茶）三类。

6. 黑茶

原料粗老，加工时堆积发酵时间较长，使叶色呈暗褐色。黑茶是藏、蒙、维吾尔等兄弟民族不可缺少的日常必需品。有“湖南黑茶”“湖北老青茶”“广西六堡茶”，四川的“西路边茶”“南路边茶”，云南的“紧茶”“饼茶”“方茶”和“圆茶”等品种。

（二）再加工茶类

以各种毛茶或精制茶再加工而成的茶称为再加工茶，包括花茶、紧压茶、液体茶、速溶茶及药用茶等。

1. 药茶

将药物与茶叶配伍，制成药茶，以发挥和加强药物的功效，利于药物的溶解，增加香气，调和药味。这种茶的种类很多，如“午时茶”“姜茶散”“益寿茶”“减肥茶”等。

2. 花茶

这是一种比较稀有的茶叶花色品种。它是用花香增加茶香的一种产品，在我国很受喜欢。一般是用绿茶做茶坯，少数也有用红茶或乌龙茶做茶坯的。它根据茶叶容易吸附异味的特点，以香花以窨料加工而成的。所用的花品种有茉莉花、桂花、珠兰等好几种，以茉莉花居多。

从世界范围内来看，在以上茶类中，以红茶的数量最大，其次是绿茶，最少的是白茶。

二、咖啡

咖啡具有振奋精神、消除疲劳、帮助消化等功效，且具有饮用讲究的特点。饮用时，人们通常喜欢配淡奶或鲜奶、糖，且非常注意热咖啡的制作方法。速溶咖啡是指已加工成半成品的咖啡，只需用热水冲泡，浸泡时间不宜过长。另外，现场煮制的咖啡香味更浓，煮制时讲究使用专用器皿，并要注意煮制的火候和时间及过滤的方法。

三、可可

可可是驰名世界的三大饮料之一。原产于美洲热带地区，在我国广东、台湾等地也有栽培。可可的果实经发酵及烘焙后可制可可粉及巧克力。

四、矿泉水

矿泉水是从高山上由岩石中浸出的含有多种矿物质的、无污染的清泉水，是现代社会人们喜爱的饮料之一。其种类一般分为有汽矿泉水和无汽矿泉水。

五、乳制品饮料

乳制品饮料是指以牛乳或乳制品为原料，经加工处理制成液状或糊状的饮料。由于乳制品营养丰富，且容易被人体吸收，所以深受大家喜爱。乳制品饮料分为乳饮料、发酵乳饮料、乳酸菌饮料三大类。

六、碳酸饮料

碳酸饮料是含有二氧化碳的软饮料，因开瓶后有气泡涌出，所以也称其为“汽水”，一般分为果味型、果汁型和可乐型三种。饮碳酸饮料后，碳酸受热分解，发生吸热反应，可大量吸收人体的热量，在二氧化碳经口腔排出体外时，一部分热量也随之排出，因此给人以清凉的感觉。

七、果汁饮料

果汁饮料是以水果为主要原料制成的饮料，色泽鲜艳，果香宜人，营养丰富，分为天然原果汁饮料、部分果汁饮料、果浆饮料、果粒饮料、浓缩果汁饮料等。

八、蔬菜汁饮料

蔬菜汁饮料是以新鲜蔬菜为原料制成的饮料。蔬菜汁中含有多种营养成分，易被人体吸收和利用，并有明显的医疗效果，尤其适宜婴、幼儿及老年人饮用，如番茄汁、混合菜汁、胡萝卜汁等。

第三节　酒水服务

餐厅服务员向宾客提供酒水服务，是服务技能的主要内容，要求服务员掌握酒水知识和斟酒技巧，在操作中，力求准确、娴熟，动作优雅，符合标准。

一、酒水服务前的准备工作

餐厅经营的酒品可分为两类：一类是常规酒品，它往往是市场最畅销的品种；另一类是特殊酒品，它是根据餐厅经营不同风味的特点配用的酒水品种。

宾客选酒时，有的是提前预订的，但是，大多数宾客是到了餐厅后再选择酒品，餐厅服务员要全面了解本餐厅经营酒水的种类、产地、香型、口味、特点、饮用最佳温度、乙醇含量、瓶装含量及价格等各项内容，并主动向宾客及时提供酒单并做介绍，同时还要做好相应的工作。

（一）准备酒具

餐厅要根据自己经营酒品的种类，准备各种酒具。一般中餐厅配备的酒具有水杯、葡萄酒杯、白酒杯、黄酒杯（盅或碗）等。

西餐厅常备的酒具有水杯、饮料杯、葡萄酒杯、烈性酒杯、香槟酒杯、甜食酒杯、鸡尾酒杯等，同时应准备冰酒桶、温酒壶、酒篮、开瓶器及盛装瓶盖的容器等。

（二）保持酒品适宜的饮用温度

服务员掌握各种不同酒品饮用的最佳温度，是提供斟酒服务的基础。

1. 低温饮用的酒品

一般啤酒饮用温度是8～11℃，白葡萄酒饮用温度是8～12℃，香槟酒和葡萄汽酒温度是6～8℃，红葡萄酒以室内温度为宜，服务员可根据自然温度的高低，决定酒品是否要求冰镇。

酒水降温一般放在冰箱内冷藏，也可以把酒瓶放入盛有冰块的桶中降温，还可以采用溜杯的方法，即在酒杯内放一冰块，摇转杯子，以此降低杯子的温度。

2. 加温饮用的酒品

一般加温饮用的酒品主要有白酒和黄酒两种，其加温方法如下：

温白酒的方法：将白酒注入温酒器中用热水加温，温度以30~35℃为宜。

温黄酒的方法：把黄酒注入温酒壶内，放在暖桶中，用热水烫热，达到40~45℃即可。不能采用烧烤和燃烧加温的方法，以免酒温过高，使酒的香气发挥，影响酒的质量。

二、酒水开启

酒水的种类繁多，故而形成了多种多样的包装，常见的有瓶装、罐装和坛装。在开启瓶塞、瓶盖和打开罐口、坛口时，应该选配适用的开酒用具，并注意动作要规范、优美。

（一）正确选用开酒工具

常用的开酒工具有两大类：一是专门开启木塞的螺丝拔，又名酒钻；另一种是专门开启瓶盖的扳手，又名酒起子。选用酒钻时应注意，酒钻的螺旋部分应大些，钻头尖而不带刃，最好选用带有一个起拔杆的，以便使用时可使瓶塞垂直拔起，从而提高开酒速度。

（二）开酒动作

开酒一般是由服务员在服务台或餐桌上进行。开酒瓶时动作要轻，尽量减少瓶身的晃动。开启瓶盖后，用干净的餐巾仔细擦拭瓶口，检查瓶中酒的质量。在服务台上开酒时，应将开瓶后的封皮、瓶塞、瓶盖等放入盒内。在餐桌上开酒时，应将上述物品放入小碟内，操作完毕离开时一起带走，不要留在顾客的餐桌上。

（三）不同酒类的开启方法

1. 白酒

白酒的瓶盖一般有3种：有冲压式的盖封、金属或塑料旋式盖封以及软木或塑料塞封。开启冲压式酒封时，将酒瓶放在操作台上，左手扶酒瓶颈部，右手握酒起子，压于酒封外扳启即可。开启螺口酒封时，左手握在酒瓶中间略上部位，右手用巾布盖于酒封上，转拧即可。开启软木或塑料塞时，应先将塞封外面的包装去掉，然后用酒钻钻入塞封，待钻头钻到位时，将酒钻两侧压杆向下压后瓶塞即被拔出。开启这类酒封时，酒瓶底部平放于操作台上使酒瓶呈直立状。

2. 啤酒

啤酒的包装一般有瓶装和罐装两种。瓶装啤酒均采用冲压式盖封。开启这类酒封时要尽量减少酒瓶的晃动，左手握酒瓶，瓶颈略呈倾斜状，右手握酒起子，一次将酒瓶盖启开。如有酒液溢出时，应用干净的餐巾将瓶口压住以防更多的酒液溢出。酒封开启后，要用洁净巾布揩擦瓶口。开启葡萄汽酒或其他汽酒均可采用此种方法。开启罐装啤酒时，同样在开启前尽量减少晃动，开启时先将盖的拉环轻轻拉开，慢慢扩大直至全部拉开。这种方法可使罐中的二氧化碳有少量漏出，避免因罐中二氧化碳含量过大而造成酒液冲冒。

3. 葡萄酒和黄酒

葡萄酒和黄酒多采用软木塞塞封。开启这类酒时，要先将塞封外的包封去掉，并用巾布将瓶口擦拭干净，然后用酒钻对准瓶塞中心顺时针方向轻轻钻下去，直至螺旋部分全部钻入塞内，然后利用酒钻的杠杆下压，使瓶塞升起直到拉起。开启这类酒时应尽量减少晃动，当瓶塞升起拔出时，要看一下是否有碎木屑落入酒中，如有要将酒给予过滤，然后再斟用。在开启塞封后，对拔出的塞封须进行检查，看看瓶中酒是否有变质的现象，原汁酒塞封的检查尤为重要。检查的方法主要是闻瓶塞插入瓶内的那一部分是否有酸败、霉腐气味。

第四节　斟酒服务

一、斟酒方法

斟酒的基本方法可以分为桌斟和捧斟两种。桌斟有托盘端托斟酒和徒手斟酒之分。

（一）桌斟

所谓托盘端托斟酒，就是将客人需要的酒水放在托盘内，餐厅服务员左手托盘，右手握酒瓶，根据客人的需要依次将酒水斟入客人杯中，运用这种斟倒方法进行斟酒服务，方便快捷，但是对服务人员的技能要求较高。

徒手斟酒，即左手持洁净布巾置于背后，右手握酒瓶，按照客人所需酒水依次斟入客人杯中。

（二）捧斟

捧斟是左手拿杯的下半部，右手握酒瓶，按照客人所需将酒水斟入杯中。斟酒时，应在餐台以外的空间进行，斟好酒后将酒杯放在客人右手处。

二、斟酒的技巧

（一）斟酒姿势与位置

1. 托盘端托斟酒

服务员侧身站在客人的右后侧，身体前倾，左手托盘，右手握酒瓶的下半部，将酒瓶上的商标朝向客人，右脚跨前踏在两椅之间，左脚微微踮起，伸右臂进行斟倒。身体不要贴靠客人，注意左手托盘要向外拉伸并保持平稳，避免发生碰撞。

2. 徒手斟酒

服务员侧身站在客人的右后侧，左手持服务巾，背于身后，以便随时擦拭瓶口，右手握酒瓶的下半部，将酒瓶上的商标朝向客人。右脚跨前踏在两椅之间，左脚微微踮起，伸右臂进行斟倒。身体不要贴靠客人。

（二）斟酒要领

1. 瓶口与杯口的距离

斟酒时瓶口不可搭放在杯口，一般相距 1 ~ 2 厘米为宜。

2. 回瓶时

当斟至适量时不可突然抬起瓶身，而应稍停一下，并旋转瓶身，抬起瓶口，使最后一滴酒随着瓶身的转动均匀地分布在瓶口沿上，避免洒落在台面或客人身上。

3. 酒液流速

斟酒时要根据酒量倾斜角度来控制斟倒速度。一般瓶内酒量越少，流速越快，就越容易溢出，尤其是啤酒。

4. 斟酒量

根据酒品和习俗的不同，斟酒量也不尽相同。中餐斟酒一律以八分满为宜。啤酒一般为八成酒液二成泡沫。西餐斟酒，不同的酒有不同的标准。一般红葡萄酒斟至杯的 1/2，白葡萄酒及香槟酒斟至杯的 3/4。

5. 斟酒顺序

根据客人是否入座，可以有不同的顺序。

（1）客人入座后的斟酒顺序。一般从主宾位开始，按顺时针方向为客人斟倒。如果两个服务员同时斟酒，一个服务员从主宾位开始，另一个从第二宾位开始按照顺时针方向进行斟酒服务。

由于宴会的规格、服务对象、民族风俗习惯、国籍等的不同，因此斟酒顺序也是多种多样的。为亚洲客人进行斟酒服务时，如主宾是男士，则应先斟男宾再斟女宾，其他客人可按照顺时针依次绕台进行斟酒服务，或按照主人的要求先为来宾斟酒，最后为主人斟酒，以此表示主人对来宾的尊重。为欧美客人进行斟酒服务时，则应体现女士优先的原则，先宾后主，先女后男。

（2）客人入座前的斟酒顺序。客人入座前的斟酒即斟预备酒。预备酒是在宴会开始前进行的，目的是宾主讲话后祝酒时客人杯中有酒。作为祝酒用的酒通常选用红葡萄酒，斟酒顺序一般从主人位开始，按顺时针方向依次绕台斟倒。

(三) 斟酒注意事项

斟酒时要注意以下事项：

1. 斟酒前应向宾客示酒。示酒的方法是：服务人员站在客人的右后侧，左手托瓶底，右手扶瓶颈，酒标朝向客人，让客人辨认。示酒是斟酒服务的第一道程序，它标志着服务操作的开始。

2. 斟酒时，瓶口不可搭在酒杯口上，以相距 2 厘米为宜，以防止将杯口碰破或将酒杯碰倒，但也不要将瓶拿得过高，过高则酒水容易溢出杯外。

3. 服务人员在斟完一杯酒，抬起瓶口时，应顺势转动酒瓶 1/4 圈，使最后一滴随着瓶身的转动均匀地分布在瓶口边沿上。这样，便可避免酒水滴洒在台布或宾客身上。注意抬起瓶口和转动瓶身两个动作同步进行。也可以每斟一杯酒后，即用左手所持的餐巾把残留在瓶口的酒液擦掉。

4. 斟酒时，要随时注意瓶内酒量的变化情况，以适当的倾斜控制酒液流出速度。因为瓶内酒量越小，流速越快，酒流速过快容易冲出杯外。

5. 斟啤酒时，因为泡沫较多，极易沿杯壁溢出杯外。所以，斟啤酒速度要慢些，也可分两次斟或使啤酒沿着杯的内壁流入杯内。

6. 斟香槟酒时，应先向杯中斟倒 1/3 的酒液，待泡沫退去后，再往杯中续斟，以八成满为宜。

7. 凡使用冰桶的酒，从冰桶取出时，应以一块口布包住瓶身，以免瓶外水滴弄脏台布或宾客的衣服。凡使用酒篮的酒瓶颈下应衬垫一块餐巾或纸。

8. 由于操作不慎而将酒杯碰翻时，应向宾客表示歉意，立即将酒杯扶起，检查有无破损。如有破损，则要立即另换新杯，迅速用一块干净的餐巾铺在酒迹之上，然后将酒杯放还原处，重新斟酒。如果宾客不慎将酒杯碰破、碰倒，服务人员也要照上面做。

9. 在进行交叉服务时，要随时观察每位宾客酒水的饮用情况，当宾客酒水喝至1/3时应及时添续酒水。

10. 在斟软饮料时，要根据宴会所备品种放入托盘，请宾客选择，待宾客选定后再斟倒。

11. 在宴会进行中，一般宾主都要讲话（祝酒词、答谢词等)，讲话结束时，双方都要举杯祝酒。因此，在讲话开始前，要将其酒水斟齐，以免祝酒时杯中无酒。

12. 讲话结束，负责主桌的服务人员要将讲话者的酒水送上供祝酒之用。有时，讲话者都要走下台向各桌宾客敬酒，这时要有服务人员托着酒瓶跟在讲话者的身后，随时准备为其及时添加酒水。

13. 宾主讲话时，服务人员要停止一切操作，端正静站在适当的位置（一般站在边台两侧)。不可抓耳挠腮或交头接耳。因此，每位服务人员都应事先了解宾主的讲话时间，以便在讲话开始时能将服务操作暂停下来。

14. 如果使用托盘斟酒，则服务人员应站在宾客的右后侧，右脚向前，侧身而立，左手托盘保持平稳，先略弯身，将托盘中的酒水、饮料展示在宾客的眼前，示意让宾客选择自己喜爱的酒水及饮料。待宾客选定后，服务人员直起上身，将托盘移到宾客身后，托移时，左臂要将托盘向外托送，避免托盘碰到宾客。然后，用右手从托盘上取下宾客所需的酒水进行斟倒。

第七章　上菜与分菜

上菜与分菜是为宾客进餐进行服务的重要环节，也是餐馆服务人员必须掌握的基本技能之一。宴会的上菜与分菜要求较高，对于上菜秩序、上菜位置、服务节奏、菜肴台面图案等均有讲究。特别是分菜，更是一项技术难度较高的工作，能充分体现服务人员的操作熟练程度和礼貌。因此，要求服务人员不仅掌握上菜程序和上菜方法，还应练就娴熟的分菜技巧。

第一节　中餐上菜与分菜

一、上菜的原则

（一）位置原则

1. 以不打扰客人为原则

中餐宴会服务时，严禁在主人和主宾之间上菜。如果是宴请外宾，中餐宴会可选择在陪同和翻译座位之间上菜。中餐宴会一般选择在副主人的右侧（或者翻译和陪同之间）上菜，有利于副主人向客人介绍菜肴。中餐零点上菜，一般选择在比较宽敞一些的位置，切忌在老人和儿童旁边上菜。

2. “左上右撤”的原则

“左上”即侧身站立在坐席左侧用左手上菜；“右撤”即侧身站立于坐席右侧用右手撤盘。

3. 主人、主宾优先原则

菜肴的摆放位置要体现主人和主宾优先的原则，第一道热菜应放在主人和主宾的前面，没有吃完的菜则移向副主人一边，后面上菜可遵循同样的原则。

4. 兼顾传统习俗原则

民间有“鸡不献头，鸭不献尾，鱼不献脊”的传统礼貌习惯，即在给客人送上鸡、鸭、鱼一类的菜时，不要将鸡头、鸭尾、鱼脊对着主宾。而应当将鸡头与鸭头朝右边放置。上整鱼时，由于鱼腹的刺较少，肉味鲜美腴嫩，所以应将鱼腹而不是鱼脊对着主宾，表示对主宾的尊重。

（二）时机原则

上菜时，可以将凉菜先行送上席。当客人落座开始就餐后，餐厅服务员即可通知厨房做好出菜准备，待到凉菜剩下1/3左右时，餐厅服务员即可送上第一道热菜。当前一道菜快吃完时，餐厅服务员就要将下一道菜送上，不能一次送得过多，以免宴席上放不下，更不能出现菜肴空缺的情况，让客人在桌旁干坐。这既易使客人感到尴尬，也易发生喝醉的情况。

（三）顺序原则

上菜顺序要按照地方习惯安排，一般顺序是先冷菜后热菜，先上海鲜、名贵菜，再上肉类、禽类、鱼类，接着是蔬菜、汤、面点，最后上水果。有些地方，比如广东地区是先上冷菜再喝汤，后面才上其他热菜。中餐上菜根据不同的菜系，就餐与上菜的顺序会稍有不同，但一般的上菜方式是先上冷菜便于佐酒，然后视冷菜食用的情况，适时上热菜，最后上汤菜、点心和水果。上菜时应该注意正确的端盘方法，端一个盘子时用大拇指紧贴盘边，其余四指扣住盘子下面，拇指不应该碰到盘子边的上部，更不允许留下手印或者手指进入盘中，这样既不卫生也不礼貌。

（四）整体原则

凡是上带有调味作料的热菜（如烤鸭、烤乳猪等菜肴）要主菜、作料一同上桌，切忌遗漏调味作料，要一次性上齐，并且可以对食用方法略作说明。

（五）味质原则

先冷后热、先菜后点、先炒后烧、先咸后淡、先清淡后肥厚、先优质后一般。如客人对上菜有特殊要求，应灵活掌握。

二、中餐菜肴摆放要求

菜肴摆放是将菜肴按一定规格放置，要讲究造型艺术，注意礼貌，尊重主宾，方便食用，给人以美的享受。

1. 中餐宴会的大拼盘、大菜中的头菜一般要摆放在桌子的中间，并将菜的看面朝向主宾。如用转台，要先摆到主宾面前，介绍菜名。散坐的主菜、高档菜一般也应摆在中间，以达到突出主菜的目的。

2. 比较高档的菜、餐厅的特色菜或每上一道新菜时，要先摆到主宾位置上，菜的看面要朝向主宾，在上下一道菜后再顺势散摆在其他地方，这样菜的看面均朝向四周客人。

3. 摆菜的位置要适中。中餐宴会摆菜，一般从餐桌中间向四周摆放。散坐摆菜要摆在餐具前面，间距要适当。

4. 各种菜肴要对称摆放，要讲究造型艺术，一般原则为：一中心，二平放，三三角，四四方，五梅花。即上一个菜时将其摆放在餐桌中央，两个菜时平行摆放，三个菜时摆成品字形，四个菜时摆成正方形，五个菜时摆成梅花花瓣形。同时还要注意菜肴的色彩、形状、盛具等几个方面的对称摆放，盘与盘之间距离相等。

5. 在上菜时遇到上整鸡、整鸭、整鱼时，我国的传统礼貌习惯是“鸡不献头，鸭不献掌，鱼不献脊”。即上菜时将其头部一律向右，脯（腹）部朝向主人，表示对客人的尊重。如果有的菜肴用长盘盛装，要注意让盘子横向朝向客人。

三、特殊菜肴的上菜方法

1. 上易变形的菜，一般出锅就应立即端上餐桌。上菜时要轻、稳，保持菜肴的形状和风味。

2. 上有响声的菜，如锅巴海参、锅巴鱿鱼、锅巴肉片等，一出锅就要以最快的速度端上餐台，立即把汤汁浇在锅巴上，使之发出响声，以起到烘托宴席气氛的作用。做这一系列动作时要连贯，不要耽搁，否则将达不到应有的效果。

3. 上拔丝菜，如拔丝苹果、拔丝山药、拔丝土豆等，应先上数碗凉开水，再用汤碗盛装热水，将装有拔丝菜的盘子放在汤碗上，用托盘端送上桌。托热水上拔丝菜，可防止糖汁过早凝固，保持拔丝菜的风味。

4. 上带作料的菜，其作料应跟菜肴一起上桌，如炸鸡腿跟带辣酱油，椒盐丸子跟带花椒盐，清蒸鱼跟带姜汁醋，北京烤鸭跟带葱段、面酱、荷叶饼等。在上菜后服务员可略作说明。

5. 上原盅炖品菜，如冬瓜盅、原盅鸡等，上桌后要当着客人的面揭盖，让炖口的原汁香味在餐台上散发。揭盖时要将盖翻转移开，以免把盖上的蒸汽水滴洒在客人身上。

6. 上泥包菜、纸包菜、荷叶包菜，如叫花鸡、纸包鸡、荷香鸡时，应先让客人观赏，再拿到操作台上当着客人的面打破或折破包皮，用刀、叉切开装盘，按顺序送给每位客人，这样可保持菜肴的香味和温度，显示出其独特的风味。

四、分菜的工具及用法

中餐分菜工具一般有餐叉、餐勺、餐刀、长把汤勺、筷子等。一般应根据菜肴的不同进行合理选择，搭配使用。

(一) 餐叉与餐勺的用法

用右手握餐叉、餐勺的柄部，依靠右手的五个手指配合来控制餐叉和餐勺。具体做法是先将餐勺的勺心向上，勺柄置于右手的中指与小指之上，无名指之下，夹住固定，而餐叉柄应置于食指与无名指之上，大拇指之下，握住固定，若是丝状类菜肴，餐叉的凹面应向上，若是块状类菜，餐叉的凹面应向下。当五个手指分别将餐叉、餐勺固定后，就能在分菜服务时操作自如，既能将菜分好，同时又可将菜汁由勺盛取一同分送。

(二) 长把汤勺与筷子的用法

长把汤勺单独使用时，一般是右手握勺把，长把汤勺与筷子配合使用时，一般是右手握筷子，左手拿勺，配合进行分菜，在筷子夹取菜肴时，勺要接挡下方，以防菜汁滴落在台面上。

（三）分菜方式

1. 转盘式分菜

（1）提前将与客人人数相等的餐碟有秩序地摆放在转台上，核对菜名，双手将菜端至转盘上，示菜报菜名并对菜肴作简单介绍。

（2）用长把勺、筷子或餐叉、餐勺分派。全部分完后，将分菜用具放在空菜盘里。

（3）迅速撤身，取托盘，主宾右侧开始，按顺时针方向绕台进行，先撤前一道菜的餐碟，再从转盘上取菜端给客人。

（4）完成后，将空菜盘和分菜用具一同撤下。此法也可以由二人配合完成，一人负责分菜，另一人负责将分好的菜肴递送给客人。

2. 旁桌式分菜

（1）准备好干净的餐盘和分菜用具并放置于客人餐桌旁的服务桌或服务车上。

（2）核对菜名，双手将菜端至转盘上，示菜报菜名并对菜肴作简单介绍。

（3）将菜肴取下放在服务桌或服务车上分菜。

（4）菜分好后，从主宾右侧开始，按顺时针方向将餐盘送上。

3. 餐桌分菜

（1）核对菜名，双手将菜端至转盘上，示菜报菜名并对菜肴作简单介绍。

（2）将菜取下，左手用餐巾托垫菜盘，右手拿餐叉、餐勺。

（3）站在客人的右侧，右腿在前，上身微前倾，从主宾左侧开始，按顺时针方向绕台进行分让。

（4）分菜时做到一勺准，数量均匀，决不可将一勺菜同时分给两位客人，更不可当着客人的面从分得多的盘碗中匀给分得少的盘碗中，同时还要注意菜的色彩、荤素的搭配均匀，并注意菜肴的优质部位应分给主宾和主人。

(5) 分每道菜时，可以一次分完，也可以略余下1/10~1/5的菜肴（可换放于一小碟中），以示菜肴的宽裕及方便想再添用的客人。

4. 各客式分菜

此法适用于汤类、羹类、炖品或高档宴会分菜。它是厨房工作人员根据客人人数在厨房将汤、羹、冷菜或热菜等分成一人一份，服务员从主宾开始，按顺时针方向从客人右侧送上。

(四) 几类菜肴的分法及要领

1. 汤类菜肴

一般用长把汤勺和筷子配合使用，注意汤和菜的数量搭配要均匀，一般要求至汤碗的八成。

2. 炒菜类菜肴

一般用餐叉、餐勺搭配或用筷子和餐勺搭配使用。如：冬瓜盅，因各菜系均有不同的做法，用冬瓜雕盅作为菜肴的盛装“器皿”时，其冬瓜盅一般不食用，因此在分菜时，只将冬瓜盅内的菜肴分光即可。将冬瓜盅入菜的菜肴，应先将冬瓜盅内的菜肴分光，然后按就餐人数用餐刀将冬瓜盅分切成所需份数分给客人。

3. 拔丝类菜肴

在分这类菜肴时应配凉开水，先按客人人数将餐碟排放转盘上，用筷子夹上菜肴迅速在冷开水中浸一下，放入客人的盘碟中。动作要利索、敏捷。

4. 分鱼

各地分鱼方法不尽相同，通常要经过切—拨—剔—切—分几个步骤。一般可用左手握餐叉将鱼头固定，右手用餐刀从鱼中骨由头顺切至鱼尾，然后将切开的鱼肉分向两侧脱离鱼骨，待鱼骨露出后，将餐刀横于鱼骨与鱼肉之间，刀刃向鱼头，由鱼尾向鱼头处将鱼骨与鱼肉切开，当骨、肉分离后，用刀、叉轻轻将鱼骨托起放于鱼盘靠桌心一侧的盘边处，再将上片鱼肉与下片鱼肉吻合，使之仍呈一整鱼状（无头尾），同时餐叉与餐刀配合，将鱼肉切成10等份（按10人标准），并用餐叉、餐勺将鱼肉分别盛于餐碟中送与客人。分干烧鱼、油浸鱼与分清蒸鱼步骤相同。

第二节　西餐上菜与分菜

一、西餐上菜基本要求

1. 餐厅员工在提供西餐上菜服务中，总体顺序是先女主宾后男主宾，然后服务主人与一般来宾。

2. 餐厅员工应用左手托盘，右手拿叉勺为客人提供服务。服务时，员工应当站在客人的左边。

3. 西餐菜肴上菜遵循“左上右撤”，酒水饮料从客人的右侧上。法式宴会所需食物都是用餐车送上，由服务员上菜，除面包、黄油、色拉和其他必须放在客人左边的盘子的食物外，其他食物一律从右边用右手送上。

二、西餐上菜的程序

西餐正餐的上菜顺序是开胃品、汤、色拉、主菜、甜点、饮品。

1. 开胃品

开胃品有冷、热之分，旨在开胃、增大食欲，一般数量较小，多用清淡的海鲜、蔬菜、水果制作，色彩鲜艳，装饰美观，如海鲜鸡尾酒、烟熏三文鱼。

2. 汤

西餐的汤可分为冷汤类和热汤类，也可分为清汤类和浓汤类。如西班牙冻汤、牛尾清汤、奶油汤等。

3. 色拉

色拉具有开胃、帮助消化的作用。色拉可分为水果色拉，素色拉和荤、素色拉三种。

4. 主菜

主菜是西餐全套菜的灵魂，制作讲究，一般是色、香、味、形俱佳的菜肴。主菜多用海鲜、牛肉、羊肉、猪肉和家禽类做主要原料，如黑胡椒牛排、大虾吉列等。

5. 甜点

甜点有冷热之分，是最后一道餐食。

6. 咖啡或茶

咖啡或茶有档次和品牌之分，要与全套菜相匹配。

三、西餐上菜

（一）上菜的原则

西餐上菜，要严格遵循宾主顺序，一般按以下原则进行服务：

1. 先宾后主

以一字形长台为例，上菜时，要先给第一主宾上，然后是第二主宾、第三主宾依次排列，最后给副主人、主人上菜。这种上菜顺序由于服务员不断走动，有时会给客人造成环境过乱的感觉。因此，只适合非常正式的或客人有特殊要求的情况。在一般情况下，可遵循先宾后主的原则，给第一主宾和第二主宾上完菜后，就可以按照顺时针方向依次服务，最后给主人上菜。

2. 先女士后男士

严格地说，西餐宴会一定要遵循先女士后男士的服务原则。如果主人是女士，可灵活掌握，根据女主人的示意来决定服务顺序，但如果女主人没做出任何示意，则应按先给女主宾，然后女主人，最后给男士宾客的顺序上菜。

（二）上菜的方式

西餐的上菜方式和中餐是有区别的，它大致有以下几种方式：

第一种是厨师将菜装在一只专用的分菜盘内，由服务员分给客人。分菜时服务员站在客人的左边，用左手托盘，右手用分菜叉、勺分菜；第二种是主菜和色拉在厨房里装入盘内，放在托盘里端出送上；第三种是由服务员将大盘菜送至餐桌中央，由客人自行取用。

（三）西餐的上菜与分菜方式

西餐的上菜与分菜服务方式主要有法式服务、英式服务、美式服务、俄式服务等。而这些服务方式往往又因各国的习俗不同而略有变化。有的饭店为了协调其菜单等而把两种或两种以上的服务方式的特点结合起来。

1. 西餐分菜的顺序

西餐分菜的顺序是先宾后主、先女后男，即按主宾、主人或女主宾、主人、男主宾，然后其他来宾的顺序进行。

2. 分菜时的操作要求

服务员在分菜时要挺胸收腹、不依不靠、呼吸均匀、姿态优雅。

西餐主菜分量重、品种多，分菜时尤其要注意将荤素搭配均匀，绝对不允许将菜肴或汤汁溅到宾客身上。

3. 西餐分菜服务方式

（1）法式服务。法式服务的特点是菜肴要在宾客面前的辅助餐桌上进行烹调或完成，以增加宴会的热烈气氛。法式服务由两名服务员同时服务，一名烹调制作，另一名开餐上菜。热菜用热盘盛上、冷菜用冷盘盛上是法式服务的另一大特点。

（2）俄式服务。俄式服务与法式服务相比，所不同的两点是：俄式服务只需一名服务员上菜服务，菜肴全部是在厨房里准备好的。服务人员手托菜盘，拿着夹菜用的叉和匙，从宾客左侧把菜夹到宾客的餐盘里。要按逆时针方向绕台分菜，余下的菜肴送回厨房。它的特点是一切由服务人员为宾客操作，时间上较为迅速。

（3）英式服务。英式服务常用于私人宴会场合。这种服务方式是从厨房拿出已盛好菜肴、食品的大盘和加过温的餐盘，放在服务桌上，由主人将菜肴分入餐盘递给站在他左边的服务员，由服务员分送给女主人、主宾和其他宾客。甜品也可以用这种方式进行。各种调味汁、配菜摆放在餐桌上，由宾客自取并互相传送。

（4）美式服务。美式服务比较简便，不太拘泥于形式，是餐饮业中最为流行的一种服务方式。其特点是菜肴食品在厨房内盛到盘子里，除黄油和面包外，大多数菜食盛在主菜盘里，服务员所要做的就是把菜按顺序迅速地用左手从左边送给宾客。

在宴会服务中，适时地撤换菜品及餐、酒用具是餐厅服务员的一项重要工作，餐厅服务员应在宴会前准备好充足的所需物品，并注意撤换的时机、次数和方式。

第八章　撤换餐用具

第一节　中餐撤换餐用具

一、撤骨碟的方法

服务员在宾客就餐中应随时观察宾客用餐情况，每当宾客用完一道菜时，服务员应将空盘撤下，并调整菜盘的距离，保持餐桌整洁。

高档宴会，每用一道菜就要撤换一道骨碟。

一般宴会、普通宴会可以把残菜撤下，换小盘重新上桌，这样既可保持台面菜品的丰盛，又可使台面美观，又能为服务员上菜提供方便。

服务员撤菜盘不能过快，应按宾客进餐速度快慢来决定，宾客继续食用的菜肴不能撤下，服务员应勤观察，适时撤下餐台的残菜。

服务员撤菜盘要使用托盘，在上菜位置进行，操作时动作要轻而稳，不能将汤汁滴洒在餐台上或宾客衣物上。

二、撤换骨碟和汤碗的方法

宴会进行中，服务员应多次为宾客更换骨碟和汤碗，更换次数要根据菜肴品种而定，高档宴会应每上一道新菜更换一道骨碟。一般宴会，服务员可视具体情况灵活掌握更换骨碟的次数，遇到以下情况时，应及时更换骨碟及汤碗；

1. 吃过凉菜换吃热菜时应更换。
2. 吃过鱼腥味的菜点，再吃其他类型菜肴应更换。
3. 吃过风味特殊、汁芡各异、调味特别的菜肴应更换。

4. 吃过甜菜、甜汤的盘或碗更换。

5. 骨碟内洒上酒水或饮料时，应更换。

6. 骨碟内骨刺、残渣较多时，应更换。

换骨碟的具体要求：服务员为宾客撤换骨碟时，应用左手托托盘，右手撤换，从主宾位置开始，在宾客右侧摆上干净的骨碟，从宾客左侧将用过的骨碟、碗撤下。如果有宾客前一道菜没有用完，新菜又来了，服务员可以在宾客面前先摆放一个干净的骨碟，等宾客食用完前一道菜后再撤下骨碟。

撤换骨碟时，应将干净的骨碟与用过的骨碟严格分开摆放，以防止交叉污染。

三、撤换酒具的方法

宾客进餐中，需要更换酒水、饮料或酒杯中洒入汤汁时，服务员要及时更换酒具。撤换酒具时，服务员要站在宾客右侧，手持杯子下半部或高脚杯的杯柱，把酒具放在正确的位置上，做到轻拿轻放，不能发出声响。

四、撤换烟灰缸

为了给宾客提供良好的就餐环境，各餐厅禁止宾客吸烟。但是，当宾客需要时，服务员应熟练掌握撤换烟灰缸的具体方法。宾客用餐时，服务员要观察宾客使用的烟灰缸，当烟灰缸有两个烟蒂时，要及时撤换。

撤换烟灰缸的具体要求：为了避免烟灰飞扬，落在菜点或宾客衣物上，服务员应把干净的烟灰缸放在用过的烟灰缸上，一并撤到托盘内，再把干净的烟灰缸放在餐台上。

餐后，撤烟灰缸应作为单独的程序来进行。服务员要做好防火安全检查，如有未熄灭的烟蒂要及时处理。

五、撤换小毛巾

用餐席间，服务员应为宾客多次撤换小毛巾。上小毛巾有两种方法：

一种方法是将小毛巾放在毛巾托内，装在托盘里，服务员左手端托盘，右手将毛巾托摆放在宾客右侧，由宾客自己取拿。

另一种方法是将毛巾放在垫盘内，服务员用毛巾夹递送给宾客。撤小毛巾时，服务员将毛巾及毛巾托一并撤到托盘内或将毛巾用夹子取到托盘内。

六、撤餐巾

服务员撤台时，要把餐巾抖干净，对角拉直，并将其按10块一捆扎好，这样便于清点数目。

七、撤台布

撤台布前，要求检查是否有烟蒂、残菜等，如有，先清理再撤台布，如台布上洒有酒水饮料，应先晾，防止台布发霉后洗不掉，影响使用，晾干后脏面朝里叠好，收到盛装脏台布的柜中备洗或直接送到洗衣厂洗涤。

（一）注意操作卫生

左手托盘时应垫上干净的布巾，在收用过的餐碟时如果手上沾上卤汁，应用毛巾或餐巾擦净，再送上干净的餐碟；干净的餐碟和撤下的脏餐碟在托盘内要分装，以免交叉污染。

（二）尊重客人的习惯

中餐是撤碟而不撤筷，如果客人的筷子放在餐碟上边，调换餐碟后也要原样摆好；客人没有吃完不能撤碟，一定要等客人不再吃时再进行。如果还有个别客人没有吃好，而新菜又上来了，可以在个别客人面前摆放一个干净的餐碟，过一会儿再单独为其撤碟。

（三）托盘要稳

在撤碟时，托盘中的餐碟质量和重心都在发生变化，所以要及时调整手的位置，掌握托盘重心；另外，撤下的餐碟要注意叠放合理，盘内的剩余物品要集中倒入同一个脏餐盘内，以免由于叠放不齐而翻倒。

第二节　西餐撤换餐用具

西餐中顾客点菜之后，服务员应对照订单为顾客准备所需的餐具。服务时，首先应向顾客示意，从顾客右侧先将顾客进餐中不使用的餐酒具撤掉，再将顾客所需的餐酒具摆放好。操作顺序按顺时针进行，女士优先。

撤换餐酒用具时，服务员应拿取餐具的柄部和杯子颈部，严禁用手握住餐具接触食品的部位。摆餐具时，先用的餐具摆在餐碟外侧，后用的摆在里侧；摆酒具时，不允许酒杯相互碰撞发出声响。各种餐酒具摆放要符合标准。

一、常用餐具撤换方法

西餐每吃一道菜即要用一副刀叉，刀叉排列从外到里。因此，每吃完一道菜就要撤去一副刀叉，正餐宴会快结束时，餐台上已无多余物品。待到宾客食用甜品时，服务员即可将胡椒盅、盐盅、调味架一并收拾撤下。

撤盘前，要注意观察宾客的刀叉摆法。如果宾客很规矩地将刀叉平放在盘上，即表示不再吃了，可以撤盘。如果刀叉搭放在餐盘两侧，说明宾客还将继续食用或边食用边说话，不可贸然撤去。

撤盘时，左手托盘，右手操作。先从宾客左侧撤下刀叉，餐刀、餐叉分开放入托盘，然后撤餐盘。撤盘按顺时针方向依次进行。

如宾客将汤匙底部朝天，或将匙把正对自己心窝处，则应马上征询宾客意见，弄清情况后再作处理。宾客若将汤匙搁在汤盘或垫盘边上，通常表示还未吃完，此时不能撤盘。

在宾客未离开餐桌前，桌上的酒杯、水杯不能撤去。但啤酒杯、饮料杯可征求宾客意见后撤去。

二、撤菜盘的方法

服务员在撤菜盘时，要按规格和程序进行操作，动作要干净利落，不能发出声响，还要符合饭店对清洁卫生、摆台规格等的要求。

1. 一定要保持餐桌清洁。宾客就餐时，服务员要注意观察其动态，当宾客吃完一道菜后服务员应先询问：“可以撤掉吗?”宾客给予肯定答复后才能撤换。

2. 左手托盘，右手撤盘，不能将托盘放在餐台上收餐具，动作要轻、稳，防止餐具发出声响，禁止当着宾客刮盘。

3. 徒手撤盘时，站在宾客右侧，用右手撤下，将其放入左手心后，左手要移到宾客身后。撤盘时手指不能伸入盘内。

4. 撤盘时要谨慎小心，不能将残菜或汤汁洒在地上或宾客身上。

5. 撤盘时严禁从宾客头顶上越过。

6. 上菜和撤菜不能双手交叉进行。

7. 撤盘时要为上下一道菜点准备条件。

三、收拾台面

宾客用餐结束，全部走出餐厅后，服务员开始收拾台面。

1. 收餐具

收餐具应按下列顺序进行：小毛巾、餐巾；玻璃器；银器；刀叉、筷子等小件餐具；汤碗、骨碟；共用大餐具。

在餐厅各餐之间及每天营业结束，要做好收台及结束工作。这些工作主要是：收起餐台的所有烟灰缸，将烟灰倒入防火盛器以防火灾。撤下各桌上调味品盛器，补充到规定量，并放入冰箱或餐柜内，以防污染或变质。撤换已经使用过的台布并送洗。

2. 更换台布

当餐厅中就餐宾客较多时，需要进行“翻台”（即更换台布），或当宾客离开餐桌，收完餐具后，也需要换台布。饭店及咖啡厅中多用小餐桌，每天接待的宾客也很多，更是需要不断地更换台布。快捷利落地更换台布是餐饮服务人员必须掌握的基本功之一。

3. 更换台布的步骤、方法

将台面所有用品移到半面台上，然后把半面脏台布掀起，露出半张餐桌。把干净的台布铺在露出的半张餐桌上，靠近脏台面的另一半干净台布尚未展开。把台面上的用品移到干净的半张台面上。将脏台面布朝上卷起拿开，注意将台面上的面包屑、残渣等物包卷在脏布内，避免其撒在座位或地面上。将另一半未展开的干净台布拉开铺平。

按规定位置摆胡椒盅、盐盅、酱醋壶等调味品，摆好鲜花、烟灰缸等用具。

第九章　餐饮卫生与安全工作

餐厅的卫生与安全工作是体现餐厅服务质量的一个重要方面，是保证用餐者饮食健康与安全的重要前提，同时也是维护餐厅信誉的重要保证。一个好的餐厅应该给顾客留下整洁美观的印象，使顾客能在一个舒心的环境里放心地用餐。本章将就餐厅的卫生与安全工作具体加以阐述。

第一节　餐饮卫生知识

餐厅卫生主要包括：环境卫生、食品卫生、餐具卫生和个人卫生。

一、环境卫生

餐厅的环境卫生主要包括餐厅的地面、墙壁、天花板、门窗、楼道、走廊、卫生间等场所的卫生，以及餐桌、椅子、灯具及各种装饰物的卫生。要确保餐厅环境卫生，必须做到“四定”：定人、定物、定时间、定质量，具体做法是：

1. 划片分工，包干负责，天天打扫。做到地面干净，桌椅明亮，墙壁、天花板、灯具无尘土，空气清新。

2. 及时清理餐厅角落里的废弃物，不要有垃圾堆积的情况出现。

3. 定期消毒，确保各种服务用具清洁无污染。

4. 消灭苍蝇、蚊子、蟑螂、老鼠等害虫。

二、食品卫生

食品是关系到消费者健康的特殊商品，餐饮业从业人员在销售食品时，应重视餐厅食品的生产、销售、消费及服务的同步进行，做好食品卫生工作“五四制”。

（一）由原料到成品实行“四不”

1. 采购员不买腐败变质的原料。

2. 保管验收员不收腐败变质的原料。

3. 加工人员（厨师）不用腐败变质的原料。

4. 营业员（服务员）不卖腐败变质的食品。

（二）成品（食物）实行“四隔离”

1. 生与熟隔离。

2. 成品与半成品隔离。

3. 食品与杂物、药物隔离。

4. 食品与天然冰隔离。

（三）用（食）具实行“四过关”

1. 洗。

2. 刷。

3. 冲。

4. 消毒。

（四）环境卫生采取“四定”

1. 定人。

2. 定物。

3. 定时间。

4. 定质量，划片分工，包干负责。

（五）个人卫生做到“四勤”

1. 勤洗手、剪指甲。

2. 勤洗澡、理发。

3. 勤洗衣服、被褥。

4. 勤换工作服。

三、餐厅服务员的个人卫生

（一）定期进行体格检查

新员工正式上岗前，必须进行体检，而其他老员工也须定期进行体格检查。凡患有某种不能从事饮食服务工作的疾病的员工，应立即调离服务工作岗位。在其病痊愈之后、恢复工作之前，必须重新进行体检。

（二）具有健康卫生知识

服务人员平时要睡眠充足、保持身体健康，若得了呼吸道、肠道疾病，或患有皮肤病、红眼病、肝炎等传染性疾病，应主动汇报上级领导，要求暂时调离餐厅服务岗位或安排休息，康复后才能上岗。

（三）讲究个人清洁卫生

服务人员要做到以下几点：

1. 勤洗手、勤剪指甲。由于服务人员的双手经常接触食品，并时时展现于顾客之前，所以不允许留长指甲，不允许涂彩色指甲油，要注意经常洗手，保持双手洁净无菌。

2. 勤洗澡、勤理发。服务人员应经常洗澡，消除身上的汗味。经常梳理头发，保持头发的清洁和整齐。

3. 勤换洗工作服。上岗穿的工作服必须平整、洁净，替换下的便服要保存在个人专用衣柜内，切勿乱挂、乱放。

（四）注意文明卫生

服务人员上岗前应注意不食韭菜、大蒜、洋葱等具有强烈气味的食品。在顾客面前或靠近食品时，咳嗽、打喷嚏须用手帕或餐巾纸捂住口鼻，并转过身去，尽量背对顾客和食品，养成文明卫生的习惯。

（五）操作卫生

餐厅服务人员是面对面地、直接地对顾客进行服务的，因此，在服务操作中保持良好的操作卫生习惯就十分重要。它不但直接影响顾客的健康，而且也会因为不卫生的操作而失去回头客，降低餐厅的声誉。所以，在操作中服务人员应做到以下六点：

1. 走菜、端汤、斟酒，一律用托盘端送，托盘必须洗净、擦干。

2. 结账收款时，需要用收银盘或收银夹进行。顾客所付现金应放入盘中，服务人员用专用镊子点清数目，而不应用手直接接触现金，以防细菌、病菌的传播。

3. 工作人员拿取餐具和食物时，手法要卫生。不能拿取餐具上那些顾客触口的部分，如杯口、刀尖、筷子前端等。不能用手直接抓取食物。

4. 不可用不洁抹布擦餐台，也不可将餐布或小毛巾当抹布使用。抹布、垫布每天要清洗干净，与餐具一起消毒，防止交叉感染。

5. 掉落在地面的餐具不可再使用，必须更换干净的。有缺口或者破裂的餐具，应及时更换，保证顾客的用餐安全。

6. 在餐厅服务操作中，要杜绝出现不良的习惯动作，例如，在顾客面前抓头皮或身上的其他部位，梳理头发、挖鼻、挖耳、剔牙等动作。

四、从原料采购到成品销售实行“五不制度”

（一）五不制度

“五不制度”包括：采购员不买腐烂变质的原料；领料员不领腐烂变质的原料；加工人员（厨师）不用腐烂变质的原料；餐厅不出售腐烂变质的菜点；服务员不用手拿食品，不用废纸、污纸包装食品。

（二）成品（食物）存放实行“四隔离”

“四隔离”包括：生与熟隔离；成品与半成品隔离；食品与杂物、药物隔离；食品与天然冰隔离。

（三）用（食）具实行“四过关”

“四过关”包括：一刮，二洗，三冲，四消毒。

上述内容是国家对食品经营企业的统一要求，也是每一个职工需要遵守的职业道德规范。

第二节　餐饮的安全工作

一、安全用火

（一）安全使用煤（天然）气

1. 使用煤（天然）气要严格遵守“火等气”的操作规程。

2. 先点火，放置炉内，由小至大启动煤气开关，直至煤气完全燃烧。

3. 点火送入煤（天然）气时，注意火焰瞬间从炉火中喷出，点火时脸不能贴近炉口。

4. 火熄灭时，应完全关闭总闸。

5. 煤（天然）气使用中要有人看管，注意检查管道开关是否跑气。工作完毕后，由专人检查灶炉并确定全部熄灭后才能离去。

（二）安全使用酒精炉

在经营的菜肴品种中，有的是带酒精炉上桌的。酒精炉有固体酒精和液体酒精两种。无论使用哪种酒精炉一定要等菜肴上桌后，将酒精炉摆在应放的位置，用火柴点燃酒精。席间要注意观察。客人餐毕后，用吃碟盖上酒精炉，等自然熄灭后再撤掉。千万注意不要先点燃酒精炉后，再将菜肴上桌，这样做十分危险，决不可取。

（三）防火常识

1. 下班前要仔细检查餐厅内是否有未熄灭的烟头及火种。

2. 烟缸内烟头、烟灰要单独湿灭倒掉，不得放入台布内一同处理。

3. 发现煤（天然）气漏气要打开门窗，同时不要使用明火。

4. 爱护消防器材，掌握消防器材的使用方法。

5. 切勿携带易燃易爆物品进餐厅。

6. 落实安全责任制，杜绝空室不锁门，值班脱岗，下班不断电源，不关电器，不锁门窗，违章使用大功率电器等现象。

（四）出现火情的处理方法

1. 切断气源、电源，熄灭一切明火。

2. 立即报告领导，打 119 报警电话，坚持守机，传递消息，保持与各部门联系。

3. 有组织地进行灭火，阻止火灾扩散。

4. 火熄灭后保护现场，收好票据和贵重物品。维护餐厅秩序，保护企业财产。如果餐厅营业当中出现火情，要迅速疏散客人，以保证顾客的安全。

二、防爆常识

（一）服务防爆

在餐厅服务过程中，首先应对易燃易爆物品妥善保管，正确使用。在为顾客开启瓶盖时，眼睛不要直视瓶口，应呈 45 度，防止发生意外。另外，应注意保管酒水，避免酒水因压力过大而引发意外事故。

（二）设备防爆

易燃易爆物品（如酒精炉）要远离明火；油脂过厚的部位应及时清除污垢，杜绝隐患；电气设备应避免长时间使用造成高温引起易燃物起火，定期检查电气设备电源及线路，防止外皮脱落、老化、短路而带来危险；液化气罐要与明火隔离，用毕关掉总闸，千万不可将留有少量气体的液化气罐横卧或将其坐入热水盆中浸泡，一旦瓶底有漏眼，与明火接触极易引起爆炸。

三、防盗常识

（一）预防措施

1. 顾客入座后，服务员应提醒顾客看管好自己的物品。

2. 顾客离开时，服务员应提醒顾客带好随身物品。如发现顾客遗留物品应及时上交。

3. 在餐厅营业时，如发现形迹可疑的人，应立即通知保安人员。

4. 严禁衣着不整、精神病患者、醉酒闹事者和乞丐进入餐厅。

（二）事件发生的处理方法

1. 如有事件发生，保护好事件发生现场，及时向领导和保安部门汇报情况。

2. 不许无关人员进入现场，事件真相未查明之前，禁止向无关人员传播。

3. 服务员应积极配合调查，提供线索，协助破案。

四、意外事件的防范与处理

在餐厅服务中，一旦发生意外事件，一要镇静，二要及时妥善采取措施，三要向领导汇报。

如遇到饮酒过度呕吐的顾客，要及时清理顾客的呕吐物，同时请顾客的陪同人员护送顾客到卫生间，也可上一些黄瓜、葡萄、蜂蜜水等解酒食品和饮料；遇到酒后闹事的顾客，应及时与保安人员联系；遇到有酒精中毒迹象、昏迷不醒的顾客，应及时叫救护车；如遇到顾客在餐厅里打架斗殴，应迅速将刀、叉、酒瓶等危险物品撤掉，应立即与保安人员联系，通知餐厅领导，情节严重的立即拨打 110 电话，请公安人员处置，并注意保护好现场。

如遇到下雨、下雪等恶劣天气，应在餐厅门前放警示牌，告知顾客小心路滑，以免顾客滑倒受伤。

参考文献

[1] 田彤．餐厅服务员．北京：中国农业大学出版社，2005.
[2] 陈企盛．餐厅服务员综合技能实训．北京：中国纺织出版社，2007.
[3] 高运华，申小云．进城当餐厅服务员．北京：中国农业出版社，2009.
[4] 农业部农民科技教育培训中心．餐厅服务员指导手册．北京：中国农业出版社，2009.
[5] 杜艳华．餐厅服务员．武汉：湖北科学技术出版社，2009.